De re publica

CICERO

TABLE OF CONTENTS

LIBER PRIMUS	5
LIBER SECUNDUS	25
LIBER TERTIUS	41
LIBER QUARTUS	49
LIBER QUINTUS	51

LIBER PRIMUS

(1) <im>petu liberavissent, nec C. Duelius A. Atilius L. Metellus terrore Karthaginis, non duo Scipiones oriens incendium belli Punici secundi sanguine suo restinxissent, nec id excitatum maioribus copiis aut Q. Maximus enervavisset, aut M. Marcellus contudisset, aut a portis huius urbis avolsum P. Africanus compulisset intra hostium moenia. M. vero Catoni homini ignoto et novo, quo omnes qui isdem rebus studemus quasi exemplari ad industriam virtutemque ducimur, certe licuit Tusculi se in otio delectare, salubri et propinquo loco. sed homo demens ut isti putant, cum cogeret eum necessitas nulla, in his undis et tempestatibus ad summam senectutem maluit iactari, quam in illa tranquillitate atque otio iucundissime vivere. omitto innumerabilis viros, quorum singuli saluti huic civitati fuerunt, et qui sunt <haut> procul ab aetatis huius memoria, commemorare eos desino, ne quis se aut suorum aliquem praetermissum queratur. unum hoc definio, tantam esse necessitatem virtutis generi hominum a natura tantumque amorem ad communem salutem defendendam datum, ut ea vis omnia blandimenta voluptatis otique vicerit.

(2) Nec vero habere virtutem satis est quasi artem aliquam nisi utare; etsi ars quidem cum ea non utare scientia tamen ipsa teneri potest, virtus in usu sui tota posita est; usus autem eius est maximus civitatis gubernatio, et earum ipsarum rerum quas isti in angulis personant, reapse non oratione perfectio. nihil enim dicitur a philosophis, quod quidem recte honesteque dicatur, quod <non> ab iis partum confirmatumque sit, a quibus civitatibus iura discripta sunt. unde enim pietas, aut a quibus religio? unde ius aut gentium aut hoc ipsum civile quod dicitur? unde iustitia fides aequitas? unde pudor continentia fuga turpi<tu>dinis adpetentia laudis et honestatis? unde in laboribus et periculis fortitudo? nempe ab iis qui haec disciplinis informata

alia moribus confirmarunt, sanxerunt autem alia legibus. (3) quin etiam Xenocraten ferunt, nobilem in primis philosophum, cum quaereretur ex eo quid adsequerentur eius discipuli, respondisse ut id sua sponte facerent quod cogerentur facere legibus. ergo ille, civis qui id cogit omnis imperio legumque poena, quod vix paucis persuadere oratione philosophi possunt, etiam iis qui illa disputant ipsis est praeferendus doctoribus. quae est enim istorum oratio tam exquisita, quae sit anteponenda bene constitutae civitati publico iure et moribus? equidem quem ad modum 'urbes magnas atque inperiosas', ut appellat Ennius, viculis et castellis praeferendas puto, sic eos qui his urbibus consilio atque auctoritate praesunt, iis qui omnis negotii publici expertes sint, longe duco sapientia ipsa esse anteponendos. et quoniam maxime rapimur ad opes augendas generis humani, studemusque nostris consiliis et laboribus tutiorem et opulentiorem vitam hominum reddere, et ad hanc voluptatem ipsius naturae stimulis incitamur, teneamus eum cursum qui semper fuit optimi cuiusque, neque ea signa audiamus quae receptui canunt, ut eos etiam revocent qui iam processerint. (4) His rationibus tam certis tamque inlustribus opponuntur ab iis qui contra disputant primum labores qui sint re publica defendenda sustinendi, leve sane inpedimentum vigilanti et industrio, neque solum in tantis rebus sed etiam in mediocribus vel studiis vel officiis vel vero etiam negotiis contemnendum. adiunguntur pericula vitae, turpisque ab his formido mortis fortibus viris opponitur, quibus magis id miserum videri solet, natura se consumi et senectute, quam sibi dari tempus ut possint eam vitam, quae tamen esset reddenda naturae, pro patria potissimum reddere. illo vero se loco copiosos et disertos putant, cum calamitates clarissimorum virorum iniuriasque iis ab ingratis inpositas civibus colligunt. (5) hinc enim illa et apud Graecos exempla, Miltiadem victorem domitoremque Persarum, nondum sanatis volneribus iis quae corpore adverso in clarissima victoria accepisset, vitam ex hostium telis servatam in civium vinclis profudisse, et Themistoclem patria quam liberavisset pulsum atque proterritum, non in Graeciae portus per se servatos sed in barbariae sinus confugisse quam adflixerat, nec vero levitatis Atheniensium crudelitatisque in amplissimos civis exempla deficiunt. quae nata et frequentata apud illos etiam in gravissumam civitatem nostram dicunt redundasse; (6) nam vel exilium Camilli vel offensio commemoratur Ahalae vel invidia Nasicae vel expulsio Laenatis vel Opimi damnatio vel fuga Metelli vel acerbissima C. Mari clades ... principum caedes, vel eorum multorum pestes quae paulo post secutae sunt. nec vero iam <meo> nomine abstinent, et credo quia nostro consilio ac periculo sese in illa vita atque otio conservatos putant, gravius etiam de nobis queruntur et amantius. sed haud facile dixerim, cur cum ipsi discendi aut visendi causa maria tramittant

(*****)

(7) salvam esse consulatu abiens in contione populo Romano idem iurante

iurassem, facile iniuriarum omnium compensarem curam et molestiam. quamquam nostri casus plus honoris habuerunt quam laboris, neque tantum molestiae quantum gloriae, maioremque laetitiam ex desiderio bonorum percepimus, quam ex laetitia inproborum dolorem. sed si aliter ut dixi accidisset, qui possem queri? cum mihi nihil inproviso nec gravius quam expectavissem pro tantis meis factis evenisset. is enim fueram, cui cum liceret aut maiores ex otio fructus capere quam ceteris propter variam suavitatem studiorum in quibus a pueritia vixeram, aut si quid acciderit acerbius universis, non praecipuam sed parem cum ceteris fortunae condicionem subire, non dubitaverim me gravissimis tempestatibus ac paene fulminibus ipsis obvium ferre conservandorum civium causa, meisque propriis periculis parere commune reliquis otium. (8) neque enim hac nos patria lege genuit aut educavit, ut nulla quasi alimenta exspectaret a nobis, ac tantummodo nostris ipsa commodis serviens tutum perfugium otio nostro suppeditaret et tranquillum ad quietem locum, sed ut plurimas et maximas nostri animi ingenii consilii partis ipsa sibi ad utilitatem suam pigneraretur, tantumque nobis in nostrum privatum usum quantum ipsi superesse posset remitteret.
(9) Iam illa, perfugia quae sumunt sibi ad excusationem quo facilius otio perfruantur, certe minime sunt audienda, cum ita dicunt accedere ad rem publicam plerumque homines nulla re bona dignos, cum quibus comparari sordidum, confligere autem multitudine praesertim incitata miserum et periculosum sit. quam ob rem neque sapientis esse accipere habenas cum insanos atque indomitos impetus volgi cohibere non possit, neque liberi cum inpuris atque inmanibus adversariis decertantem vel contumeliarum verbera subire, vel expectare sapienti non ferendas iniurias: proinde quasi bonis et fortibus et magno animo praeditis ulla sit ad rem publicam adeundi causa iustior, quam ne pareant inprobis, neve ab isdem lacerari rem publicam patiantur, cum ipsi auxilium ferre si cupiant non queant.
(10) Illa autem exceptio cui probari tandem potest, quod negant sapientem suscepturum ullam rei publicae partem, extra quam si eum tempus et necessitas coegerit? quasi vero maior cuiquam necessitas accidere possit quam accidit nobis; in qua quid facere potuissem, nisi tum consul fuissem? consul autem esse qui potui, nisi eum vitae cursum tenuissem a pueritia, per quem equestri loco natus pervenirem ad honorem amplissimum? non igitur potestas est ex tempore aut cum velis opitulandi rei publicae, quamvis ea prematur periculis, nisi eo loco sis ut tibi id facere liceat. (11) maximeque hoc in hominum doctorum oratione mihi mirum videri solet, quod qui tranquillo mari gubernare se negent posse, quod nec didicerint nec umquam scire curaverint, iidem ad gubernacula se accessuros profiteantur excitatis maximis fluctibus. isti enim palam dicere atque in eo multum etiam gloriari solent, se de rationibus rerum publicarum aut constituendarum aut tuendarum nihil nec didicisse umquam nec docere, earumque rerum

scientiam non doctis hominibus ac sapientibus, sed in illo genere exercitatis concedendam putant. quare qui convenit polliceri operam suam rei publicae tum denique si necessitate cogantur? cum, quod est multo proclivius, nulla necessitate premente rem publicam regere nesciant. equidem, ut verum esset sua voluntate sapientem descendere ad rationes civitatis non solere, sin autem temporibus cogeretur, tum id munus denique non recusare, tamen arbitrarer hanc rerum civilium minime neglegendam scientiam sapienti propterea, quod omnia essent ei praeparanda, quibus nesciret an aliquando uti necesse esset.

(12) Haec pluribus a me verbis dicta sunt ob eam causam, quod his libris erat instituta et suscepta mihi de re publica disputatio; quae ne frustra haberetur, dubitationem ad rem publicam adeundi in primis debui tollere. ac tamen si qui sunt qui philosophorum auctoritate moveantur, dent operam parumper atque audiant eos quorum summa est auctoritas apud doctissimos homines et gloria; quos ego existimo, etiamsi qui ipsi rem publicam non gesserint, tamen quoniam de re publica multa quaesierint et scripserint, functos esse aliquo rei publicae munere. eos vero septem quos Graeci sapientis nominaverunt, omnis paene video in media re publica esse versatos. neque enim est ulla res in qua propius ad deorum numen virtus accedat humana, quam civitatis aut condere novas aut conservare iam conditas.

(13) Quibus de rebus, quoniam nobis contigit ut idem et in gerenda re publica aliquid essemus memoria dignum consecuti, et in explicandis rationibus rerum civilium quandam facultatem, non modo usu sed etiam studio discendi et docendi *** essemus auctores, cum superiores ali fuissent in disputationibus perpoliti, quorum res gestae nullae invenirentur, ali in gerendo probabiles, in disserendo rudes. nec vero nostra quaedam est instituenda nova et a nobis inventa ratio, sed unius aetatis clarissimorum ac sapientissimorum nostrae civitatis virorum disputatio repetenda memoria est, quae mihi tibique quondam adulescentulo est a P. Rutilio Rufo, Smyrnae cum simul essemus compluris dies, eita, in qua nihil fere quod magno opere ad rationes omnium <harum> rerum pertineret praetermissam puto.

(14) Nam cum P. Africanus hic Pauli filius feriis Latinis Tuditano cons. et Aquilio constituisset in hortis esse, familiarissimique eius ad eum frequenter per eos dies ventitaturos se esse dixissent, Latinis ipsis mane ad eum primus sororis filius venit Q. Tubero. quem cum comiter Scipio adpellavisset libenterque vidisset, 'quid tu' inquit 'tam mane Tubero? dabant enim hae feriae tibi opportunam sane facultatem ad explicandas tuas litteras'. tum ille (Tubero): 'mihi vero omne tempus est ad meos libros vacuum; numquam enim sunt illi occupati; te autem permagnum est nancisci otiosum, hoc praesertim motu rei publicae'. tum Scipio: 'atqui nactus es, sed mehercule otiosiorem opera quam animo.' et ille (Tubero): 'at vero animum quoque

relaxes oportet; sumus enim multi ut constituimus parati, si tuo commodo fieri potest, abuti tecum hoc otio.' (Scipio) 'libente me vero, ut aliquid aliquando de doctrinae studiis admoneamur.'

(15) Tum ille (Tubero): 'visne igitur, quoniam et me quodam modo invitas et tui spem das, hoc primum Africane videamus, ante quam veniunt alii, quidnam sit de isto altero sole quod nuntiatum est in senatu? neque enim pauci neque leves sunt qui se duo soles vidisse dicant, ut non tam fides non habenda quam ratio quaerenda sit.' hic Scipio: 'quam vellem Panaetium nostrum nobiscum haberemus! qui cum cetera tum haec caelestia vel studiosissime solet quaerere. sed ego Tubero - nam tecum aperte quod sentio loquar - non nimis adsentior in omni isto genere nostro illi familiari, qui quae vix coniectura qualia sint possumus suspicari, sic adfirmat ut oculis ea cernere videatur aut tractare plane manu. quo etiam sapientiorem Socratem soleo iudicare, qui omnem eius modi curam deposuerit, eaque quae de natura quaererentur, aut maiora quam hominum ratio consequi possit, aut nihil omnino ad vitam hominum adtinere dixerit.' (16) dein Tubero: 'nescio Africane cur ita memoriae proditum sit, Socratem omnem istam disputationem reiecisse, et tantum de vita et de moribus solitum esse quaerere. quem enim auctorem de illo locupletiorem Platone laudare possumus? cuius in libris multis locis ita loquitur Socrates, ut etiam cum de moribus de virtutibus denique de re publica disputet, numeros tamen et geometriam et harmoniam studeat Pythagorae more coniungere.' tum Scipio: 'sunt ista ut dicis; sed audisse te credo Tubero, Platonem Socrate mortuo primum in Aegyptum discendi causa, post in Italiam et in Siciliam contendisse, ut Pythagorae inventa perdisceret, eumque et cum Archyta Tarentino et cum Timaeo Locro multum fuisse et Philolai commentarios esse nanctum, cumque eo tempore in his locis Pythagorae nomen vigeret, illum se et hominibus Pythagoreis et studiis illis dedisse. itaque cum Socratem unice dilexisset, eique omnia tribuere voluisset, leporem Socraticum subtilitatemque sermonis cum obscuritate Pythagorae et cum illa plurimarum artium gravitate contexuit.' (17) Haec Scipio cum dixisset, L. Furium repente venientem aspexit, eumque ut salutavit, amicissime adprehendit et in lecto suo conlocavit. et cum simul P. Rutilius venisset, qui est nobis huius sermonis auctor, eum quoque ut salutavit, propter Tuberonem iussit adsidere. tum Furius: 'quid vos agitis? num sermonem vestrum aliquem diremit noster interventus?' 'minime vero', Africanus; 'soles enim tu haec studiose investigare quae sunt in hoc genere de quo instituerat paulo ante Tubero quaerere; Rutilius quidem noster etiam, sub ipsis Numantiae moenibus solebat mecum interdum eius modi aliquid conquirere.' 'quae res tandem inciderat?' inquit Philus. tum ille (Scipio): 'de solibus istis duobus; de quo studeo, Phile, ex te audire quid sentias.'

(18) Dixerat hoc ille, cum puer nuntiavit venire ad eum Laelium domoque iam exisse. tum Scipio calceis et vestimentis sumptis e cubiculo est egressus,

et cum paululum inambulavisset in porticu, Laelium advenientem salutavit et eos, qui una venerant, Spurium Mummium, quem in primis diligebat, et C. Fannium et Quintum Scaevolam, generos Laeli, doctos adulescentes, iam aetate quaestorios; quos cum omnis salutavisset, convertit se in porticu et coniecit in medium Laelium; fuit enim hoc in amicitia quasi quoddam ius inter illos, ut militiae propter eximiam belli gloriam Africanum ut deum coleret Laelius, domi vicissim Laelium, quod aetate antecedebat, observaret in parentis loco Scipio. dein cum essent perpauca inter se uno aut altero spatio conlocuti, Scipionique eorum adventus periucundus et pergratus fuisset, placitum est ut in aprico maxime pratuli loco, quod erat hibernum tempus anni, considerent; quod cum facere vellent, intervenit vir prudens omnibusque illis et iucundus et carus, M'. Manilius qui a Scipione ceterisque amicissime consalutatus adsedit proximus Laelio.

(19) Tum Philus: 'non mihi videtur' inquit 'quod hi venerunt alius nobis sermo esse quaerendus, sed agendum accuratius et dicendum dignum aliquid horum auribus.' hic Laelius: 'quid tandem agebatis, aut cui sermoni nos intervenimus?' (Philus) 'quaesierat ex me Scipio quidnam sentirem de hoc quod duo soles visos esse constaret.' (Laelius) 'ain vero, Phile? iam explorata nobis sunt ea quae ad domos nostras quaeque ad rem publicam pertinent? siquidem quid agatur in caelo quaerimus.' et ille (Philus): 'an tu ad domos nostras non censes pertinere scire quid agatur et quid fiat domi? quae non ea est quam parietes nostri cingunt, sed mundus hic totus, quod domicilium quamque patriam di nobis communem secum dederunt, cum praesertim si haec ignoremus, multa nobis et magna ignoranda sint. ac me quidem ut hercule etiam te ipsum Laeli omnisque avidos sapientiae cognitio ipsa rerum consideratioque delectat.' (20) tum Laelius: 'non inpedio, praesertim quoniam feriati sumus; sed possumus audire aliquid an serius venimus?' (Philus) nihil est adhuc disputatum, et quoniam est integrum, libenter tibi, Laeli, ut de eo disseras equidem concessero.' (Laelius) 'immo vero te audiamus, nisi forte Manilius interdictum aliquod inter duos soles putat esse componendum, ut ita caelum possideant ut uterque possederit.' tum Manilius: 'pergisne eam, Laeli, artem inludere, in qua primum excellis ipse, deinde sine qua scire nemo potest quid sit suum quid alienum? sed ista mox; nunc audiamus Philum, quem video maioribus iam de rebus quam me aut quam P. Mucium consuli.'

(21) Tum Philus: 'nihil novi vobis adferam, neque quod a me sit <ex>cogitatum aut inventum; nam memoria teneo C. Sulpicium Gallum, doctissimum ut scitis hominem, cum idem hoc visum diceretur et esset casu apud M. Marcellum, qui cum eo consul fuerat, sphaeram quam M. Marcelli avus captis Syracusis ex urbe locupletissima atque ornatissima sustulisset, cum aliud nihil ex tanta praeda domum suam deportavisset, iussisse proferri; cuius ego sphaerae cum persaepe propter Archimedi gloriam nomen audissem, speciem ipsam non sum tanto opere admiratus; erat enim

illa venustior et nobilior in volgus, quam ab eodem Archimede factam posuerat in templo Virtutis Marcellus idem. (22) sed posteaquam coepit rationem huius operis scientissime Gallus exponere, plus in illo Siculo ingenii quam videretur natura humana ferre potuisse iudicabam fuisse. dicebat enim Gallus sphaerae illius alterius solidae atque plenae vetus esse inventum, et eam a Thalete Milesio primum esse tornatam, post autem ab Eudoxo Cnidio, discipulo ut ferebat Platonis, eandem illam astris quae caelo inhaererent esse descriptam; cuius omnem ornatum et descriptionem sumptam ab Eudoxo multis annis post non astrologiae scientia sed poetica quadam facultate versibus Aratum extulisse. hoc autem sphaerae genus, in quo solis et lunae motus inessent et earum quinque stellarum quae errantes et quasi vagae nominarentur, in illa sphaera solida non potuisse finiri, atque in eo admirandum esse inventum Archimedi, quod excogitasset quem ad modum in dissimillimis motibus inaequabiles et varios cursus servaret una conversio. hanc sphaeram Gallus cum moveret, fiebat ut soli luna totidem conversionibus in aere illo quot diebus in ipso caelo succederet, ex quo et in [caelo] sphaera solis fieret eadem illa defectio, et incideret luna tum in eam metam quae esset umbra terrae, cum sol e regione
(*****)
(23) (Scipio) 'fuit, quod et ipse hominem diligebam et in primis patri meo Paulo probatum et carum fuisse cognoveram. memini me admodum adulescentulo, cum pater in Macedonia consul esset et essemus in castris perturbari exercitum nostrum religione et metu, quod serena nocte subito candens et plena luna defecisset. tum ille cum legatus noster esset anno fere ante quam consul est declaratus, haud dubitavit postridie palam in castris docere nullum esse prodigium, idque et tum factum esse et certis temporibus esse semper futurum, cum sol ita locatus fuisset ut lunam suo lumine non posset attingere.' 'ain tandem?' inquit Tubero; 'docere hoc poterat ille homines paene agrestes, et apud imperitos audebat haec dicere?' (Scipio) 'ille vero, et magna quidem cum
(*****)
(24) (Scipio) <neque in>solens ostentatio neque oratio abhorrens a persona hominis gravissimi; rem enim magnam <erat> adsecutus, quod hominibus perturbatis inanem religionem timoremque deiecerat.
(25) Atque eius modi quiddam etiam bello illo maximo quod Athenienses et Lacedaemonii summa inter se contentione gesserunt, Pericles ille et auctoritate et eloquentia et consilio princeps civitatis suae, cum obscurato sole tenebrae factae essent repente, Atheniensiumque animos summus timor occupavisset, docuisse civis suos dicitur, id quod ipse ab Anaxagora cuius auditor fuerat acceperat, certo illud tempore fieri et necessario, cum tota se luna sub orbem solis subiecisset; itaque etsi non omni intermenstruo, tamen id fieri non posse nisi intermenstruo tempore. quod cum disputando rationibusque docuisset, populum liberavit metu; erat enim tum haec nova

et ignota ratio, solem lunae oppositu solere deficere, quod Thaletem Milesium primum vidisse dicunt. id autem postea ne nostrum quidem Ennium fugit; qui ut scribit, anno quinquagesimo <et> CCC. fere post Romam conditam 'Nonis Iunis soli luna obstitit et nox.' atque hac in re tanta inest ratio atque sollertia, ut ex hoc die quem apud Ennium et in maximis annalibus consignatum videmus, superiores solis defectiones reputatae sint usque ad illam quae Nonis Quinctilibus fuit regnante Romulo; quibus quidem Romulum tenebris etiamsi natura ad humanum exitum abripuit, virtus tamen in caelum dicitur sustulisse.'

(26) Tum Tubero: 'videsne, Africane, quod paulo ante secus tibi videbatur, doc

(*****)

(Scipio) lis, quae videant ceteri. quid porro aut praeclarum putet in rebus humanis, qui haec deorum regna perspexerit, aut diuturnum, qui cognoverit quid sit aeternum, aut gloriosum, qui viderit quam parva sit terra, primum universa, deinde ea pars eius quam homines incolant, quamque nos in exigua eius parte adfixi, plurimis ignotissimi gentibus, speremus tamen nostrum nomen volitare et vagari latissime? (27) agros vero et aedificia et pecudes et inmensum argenti pondus atque auri qui bona nec putare nec appellare soleat, quod earum rerum videatur ei levis fructus, exiguus usus, incertus dominatus, saepe etiam taeterrimorum hominum inmensa possessio, quam est hic fortunatus putandus! cui soli vere liceat omnia non Quiritium sed sapientium iure pro suis vindicare, nec civili nexo sed communi lege naturae, quae vetat ullam rem esse cuiusquam, nisi eius qui tractare et uti sciat; qui inperia consulatusque nostros in necessariis, non in expetendis rebus, muneris fungendi gratia subeundos, non praemiorum aut gloriae causa adpetendos putet; qui denique, ut Africanum avum meum scribit Cato solitum esse dicere, possit idem de se praedicare, numquam se plus agere quam nihil cum ageret, numquam minus solum esse quam cum solus esset. (28) quis enim putare vere potest, plus egisse Dionysium tum cum omnia moliendo eripuerit civibus suis libertatem, quam eius civem Archimedem cum istam ipsam sphaeram, nihil cum agere videretur, de qua modo dicebatur effecerit? quis autem non magis solos esse, qui in foro turbaque quicum conloqui libeat non habeant, quam qui nullo arbitro vel secum ipsi loquantur, vel quasi doctissimorum hominum in concilio adsint, cum eorum inventis scriptisque se oblectent? quis vero divitiorem quemquam putet quam eum cui nihil desit quod quidem natura desideret, aut potentiorem quam illum qui omnia quae expetat consequatur, aut beatiorem quam qui sit omni perturbatione animi liberatus, aut firmiore fortuna quam qui ea possideat quae secum ut aiunt vel e naufragio possit ecferre? quod autem imperium, qui magistratus, quod regnum potest esse praestantius, quam despicientem omnia humana et inferiora sapientia ducentem nihil umquam nisi sempiternum et divinum animo volutare? cui

persuasum sit appellari ceteros homines,esse solos eos qui essent politi propriis humanitatis artibus? (29) ut mihi Platonis illud, seu quis dixit alius, perelegans esse videatur: quem cum ex alto ignotas ad terras tempestas et in desertum litus detulisset, timentibus ceteris propter ignorationem locorum, animadvertisse dicunt in arena geometricas formas quasdam esse descriptas; quas ut vidisset, exclamavisse ut bono essent animo; videre enim se hominum vestigia; quae videlicet ille non ex agri consitura quam cernebat, sed ex doctrinae indiciis interpretabatur. quam ob rem Tubero semper mihi et doctrina et eruditi homines et tua ista studia placuerunt.'
(30) Tum Laelius: 'non audeo quidem' inquit 'ad ista Scipio dicere, neque tam te aut Philum aut Manilium
(*****)
(Laelius) in ipsius paterno genere fuit noster ille amicus, dignus huic ad imitandum,
'Egregie cordatus homo, catus Aelius Sextus'
qui 'egregie cordatus' et 'catus' fuit et ab Ennio dictus est, non quod ea quaerebat quae numquam inveniret, sed quod ea respondebat quae eos qui quaesissent et cura et negotio solverent, cuique contra Galli studia disputanti in ore semper erat ille de Iphigenia Achilles:
'Astrologorum signa in caelo - quid sit observationis, Cum capra aut nepa aut exoritur nomen aliquod beluarum -, Quod est ante pedes nemo spectat, caeli scrutantur plagas.'
atque idem - multum enim illum audiebam et libenter - Zethum illum Pacuvi nimis inimicam doctrinae esse dicebat; magis eum delectabat Neoptolemus Ennii, qui se ait 'philosophari velle, sed paucis; nam omnino haud placere'. quodsi studia Graecorum vos tanto opere delectant, sunt alia liberiora et transfusa latius, quae vel ad usum vitae vel etiam ad ipsam rem publicam conferre possumus. istae quidem artes, si modo aliquid, <id> valent, ut paulum acuant et tamquam inritent ingenia puerorum, quo facilius possint maiora discere.'
(31) Tum Tubero: 'non dissentio a te, Laeli, sed quaero quae tu esse maiora intellegas. (Laelius) dicam mehercule et contemnar a te fortasse, cum tu ista caelestia de Scipione quaesieris, ego autem haec quae videntur ante oculos esse magis putem quaerenda. quid enim mihi L. Pauli nepos, hoc avunculo, nobilissima in familia atque in hac tam clara re publica natus, quaerit quo modo duo soles visi sint, non quaerit cur in una re publica duo senatus et duo paene iam populi sint? nam ut videtis mors Tiberii Gracchi et iam ante tota illius ratio tribunatus divisit populum unum in duas partis; obtrectatores autem et invidi Scipionis, initiis factis a P. Crasso et Appio Claudio, tenent nihilo minus illis mortuis senatus alteram partem, dissidentem a vobis auctore Metello et P. Mucio, neque hunc qui unus potest, concitatis sociis et nomine Latino, foederibus violatis, triumviris seditiosissimis aliquid cotidie novi molientibus, bonis viris locupletibus

perturbatis, his tam periculosis rebus subvenire patiuntur. (32) quam ob rem si me audietis adulescentes, solem alterum ne metueritis; aut enim nullus esse potest, aut sit sane ut visus est, modo ne sit molestus, aut scire istarum rerum nihil, aut etiamsi maxime sciemus, nec meliores ob eam scientiam nec beatiores esse possumus; senatum vero et populum ut unum habeamus et fieri potest, et permolestum est nisi fit, et secus esse scimus, et videmus si id effectum sit et melius nos esse victuros et beatius.'

(33) Tum Mucius: 'quid esse igitur censes Laeli discendum nobis, ut istud efficere possimus ipsum quod postulas?' (Laelius) 'eas artis quae efficiant ut usui civitati simus; id enim esse praeclarissimum sapientiae munus maximumque virtutis vel documentum vel officium puto. quam ob rem ut hae feriae nobis ad utilissimos rei publicae sermones potissimum conferantur, Scipionem rogemus, ut explicet quem existimet esse optimum statum civitatis; deinde alia quaeremus. quibus cognitis spero nos ad haec ipsa via perventuros, earumque rerum rationem quae nunc instant explicaturos.'

(34) Cum id et Philus et Manilius et Mummius admodum adproba<vissent>

(*****)

nullum est exemplum cui malimus adsimulare rem publicam.

(Laelius) 'non solum ob eam causam fieri volui, quod erat aequum de re publica potissimum principem rei publicae dicere, sed etiam quod memineram persaepe te cum Panaetio disserere solitum coram Polybio, duobus Graecis vel peritissimis rerum civilium, multaque colligere ac docere, optimum longe statum civitatis esse eum quem maiores nostri nobis reliquissent. qua in disputatione quoniam tu paratior es, feceris - ut etiam pro his dicam - si de re publica quid sentias explicaris, nobis gratum omnibus.'

(35) Tum ille (Scipio): 'non possum equidem dicere me ulla in cogitatione acrius aut diligentius solere versari, quam in ista ipsa quae mihi Laeli a te proponitur. etenim cum in suo quemque opere artificem, qui quidem excellat, nihil aliud cogitare meditari curare videam, nisi quo sit in illo genere melior, ego cum mihi sit unum opus hoc a parentibus maioribusque meis relictum, procuratio atque administratio rei publicae, non me inertiorem esse confitear quam opificem quemquam, si minus in maxima arte quam illi in minimis operae consumpserim? (36) sed neque iis contentus sum quae de ista consultatione scripta nobis summi ex Graecia sapientissimique homines reliquerunt, neque ea quae mihi videntur anteferre illis audeo. quam ob rem peto a vobis ut me sic audiatis: neque ut omnino expertem Graecarum rerum, neque ut eas nostris in hoc praesertim genere anteponentem, sed ut unum e togatis patris diligentia non inliberaliter institutum, studioque discendi a pueritia incensum, usu tamen et domesticis praeceptis multo magis eruditum quam litteris.'

(37) Hic Philus: 'non hercule' inquit 'Scipio dubito, quin tibi ingenio praestiterit nemo, usuque idem in re publica rerum maximarum facile omnis viceris, quibus autem studiis semper fueris tenemus. quam ob rem si ut dicis animum quoque contulisti in istam rationem et quasi artem, habeo maximam gratiam Laelio; spero enim multo uberiora fore quae a te dicentur, quam illa quae a Graecis nobis scripta sunt omnia.' tum ille (Scipio) 'permagnam tu quidem expectationem, quod onus est ei qui magnis de rebus dicturus est gravissimum, inponis orationi meae.' Et Philus: 'quamvis sit magna, tamen eam vinces ut soles; neque enim est periculum ne te 'e re publica disserentem deficiat oratio.'

(38) Hic Scipio: 'faciam quod vultis ut potero, et ingrediar in disputationem ea lege, qua credo omnibus in rebus disserendis utendam esse si errorem velis tollere, ut eius rei de qua quaereretur si nomen quod sit conveniat, explicetur quid declaretur eo nomine; quod si convenerit, tum demum decebit ingredi in sermonem; numquam enim quale sit illud de quo disputabitur intellegi poterit, nisi quod sit fuerit intellectum prius. quare quoniam de re publica quaerimus, hoc primum videamus quid sit id ipsum quod quaerimus.' cum adprobavisset Laelius, 'nec vero' inquit Africanus 'ita disseram de re tam inlustri tamque nota, ut ad illa elementa revolvar quibus uti docti homines his in rebus solent, ut a prima congressione maris et feminae, deinde a progenie et cognatione ordiar, verbisque quid sit et quot modis quidque dicatur definiam saepius; apud prudentes enim homines et in maxima re publica summa cum gloria belli domique versatos cum loquar, non committam ut sit inlustrior illa ipsa res de qua disputem, quam oratio mea; nec enim hoc suscepi ut tamquam magister persequerer omnia, neque hoc polliceor me effecturum ut ne qua particula in hoc sermone praetermissa sit.' tum Laelius: 'ego vero istud ipsum genus orationis quod polliceris expecto.'

(39) Est igitur, inquit Africanus, res publica res populi, populus autem non omnis hominum coetus quoquo modo congregatus, sed coetus multitudinis iuris consensu et utilitatis communione sociatus. eius autem prima causa coeundi est non tam inbecillitas quam naturalis quaedam hominum quasi congregatio; non est enim singulare nec solivagum genus hoc, sed ita generatum ut ne in omnium quidem rerum affluen\<tia\>
(*****)
idque ipsa natura non invitaret solum sed etiam cogeret.
(40) ***
(41) (Scipio) \<quae\>dam quasi semina, neque reliquarum virtutum nec ipsius rei publicae reperiatur ulla institutio. hi coetus igitur hac de qua eui causa instituti, sedem primum certo loco domiciliorum causa constituerunt; quam cum locis manuque saepsissent, eius modi coniunctionem tectorum oppidum vel urbem appellaverunt, delubris distinctam spatiisque communibus. omnis ergo populus, qui est talis coetus multitudinis qualem

exposui, omnis civitas, quae est constitutio populi, omnis res publica, quae ut dixi populi res est, consilio quodam regenda est, ut diuturna sit. id autem consilium primum semper ad eam causam referendum est quae causa genuit civitatem. (42) deinde aut uni tribuendum est, aut delectis quibusdam, aut suscipiendum est multitudini atque omnibus. quare cum penes unum est omnium summa rerum, regem illum unum vocamus, et regnum eius rei publicae statum. cum autem est penes delectos, tum illa civitas optimatium arbitrio regi dicitur. illa autem est civitas popularis - sic enim appellant -, in qua in populo sunt omnia. atque horum trium generum quodvis, si teneat illud vinculum quod primum homines inter se rei publicae societate devinxit, non perfectum illud quidem neque mea sententia optimum, sed tolerabile tamen, et aliud <ut> alio possit esse praestantius. nam vel rex aequus ac sapiens, vel delecti ac principes cives, vel ipse populus, quamquam id est minime probandum, tamen nullis interiectis iniquitatibus aut cupiditatibus posse videtur aliquo esse non incerto statu.
(43) Sed et in regnis nimis expertes sunt ceteri communis iuris et consilii, et in optimatium dominatu vix particeps libertatis potest esse multitudo, cum omni consilio communi ac potestate careat, et cum omnia per populum geruntur quamvis iustum atque moderatum, tamen ipsa aequabilitas est iniqua, cum habet nullos gradus dignitatis. itaque si Cyrus ille Perses iustissimus fuit sapientissimusque rex, tamen mihi populi res - ea enim est ut dixi antea publica - non maxime expetenda fuisse illa videtur, cum regeretur unius nutu (Text zerstört) ac modo; si Massilienses nostri clientes per delectos et principes cives summa iustitia reguntur, inest tamen in ea condicione populi similitudo quaedam servitutis; si Athenienses quibusdam temporibus sublato Areopago nihil nisi populi scitis ac decretis agebant, quoniam distinctos dignitatis gradus non habebant, non tenebat ornatum suum civitas.
(44) Atque hoc loquor de tribus his generibus rerum publicarum non turbatis atque permixtis, sed suum statum tenentibus. quae genera primum sunt in iis singula vitiis quae ante dixi, deinde habent perniciosa alia vitia; nullum est enim genus illarum rerum publicarum, quod non habeat iter ad finitimum quoddam malum praeceps ac lubricum. nam illi regi, ut eum potissimum nominem, tolerabili aut si voltis etiam amabili Cyro subest ad inmutandi animi licentiam crudelissimus ille Phalaris, cuius in similitudinem dominatus unius proclivi cursu et facile delabitur. illi autem Massiliensium paucorum et principum administrationi civitatis finitimus est qui fuit quodam tempore apud Athenienses triginta <virorum illorum> consensus et factio. iam Atheniensium populi potestatem omnium rerum ipsi, ne alios requiramus, ad furorem multitudinis licentiamque conversam pesti
(*****)
(45) (Scipio) 'taeterrimus, et ex hac vel optimatium vel factiosa tyrannica illa vel regia vel etiam persaepe popularis, itemque ex ea genus aliquod

ecflorescere ex illis quae ante dixi solet, mirique sunt orbes et quasi circuitus in rebus publicis commutationum et vicissitudinum; quos cum cognosse sapientis est, tum vero prospicere inpendentis, in gubernanda re publica moderantem cursum atque in sua potestate retinentem, magni cuiusdam civis et divini paene est viri. itaque quartum quoddam genus rei publicae maxime probandum esse sentio, quod est ex his quae prima dixi moderatum et permixtum tribus.'

(46) Hic Laelius: 'scio tibi ita placere Africane: saepe enim ex te audivi; sed tamen, nisi molestum est, ex tribus istis modis rerum publicarum velim scire quod optimum iudices. nam vel profuerit aliquid ad cog
(*****)
(47) (Scipio) 'et talis est quaeque res publica, qualis eius aut natura aut voluntas qui illam regit. itaque nulla alia in civitate, nisi in qua populi potestas summa est, ullum domicilium libertas habet; qua quidem certe nihil potest esse dulcius, et quae si aequa non est ne libertas quidem est. qui autem aequa potest esse - omitto dicere in regno, ubi ne obscura quidem est aut dubia servitus, sed in istis civitatibus in quibus verbo sunt liberi omnes? ferunt enim suffragia, mandant inperia magistratus, ambiuntur, rogantur, sed ea dant [magis] quae etiamsi nolint danda sint, et quae ipsi non habent unde ali petunt;sunt enim expertes imperii, consilii publici, iudicii delectorum iudicum, quae familiarum vetustatibus aut pecuniis ponderantur. in libero autem populo, ut Rhodi, ut Athenis, nemo est civium qui
(*****)
(48) (Scipio) <po>pulo aliquis unus pluresve divitiores opulentioresque extitissent, tum ex eorum fastidio et superbia nata esse commemorant, cedentibus ignavis et inbecillis et adrogantiae divitum succumbentibus. si vero ius suum populi teneant, negant quicquam esse praestantius, liberius, beatius, quippe qui domini sint legum, iudiciorum, belli, pacis, foederum, capitis unius cuiusque, pecuniae. hanc unam rite rem publicam, id est rem populi, appellari putant. itaque et a regum et a patrum dominatione solere in libertatem rem populi vindicari, non ex liberis populis reges requiri aut potestatem atque opes optimatium. (49) et vero negant oportere indomiti populi vitio genus hoc totum liberi populi repudiari: concordi populo et omnia referente ad incolumitatem et ad libertatem suam nihil esse inmutabilius, nihil firmius; facillimam autem in ea re publica esse posse concordiam, in qua idem conducat omnibus; ex utilitatis varietatibus, cum aliis aliud expediat, nasci discordias; itaque cum patres rerum potirentur, numquam constitisse civitatis statum; multo iam id in regnis minus, quorum, ut ait Ennius, 'nulla [regni] sancta societas nec fides est.' quare cum lex sit civilis societatis vinculum, ius autem legis aequale, quo iure societas civium teneri potest, cum par non sit condicio civium? si enim pecunias aequari non placet, si ingenia omnium paria esse non possunt, iura certe

paria debent esse eorum inter se qui sunt cives in eadem re publica. quid est enim civitas nisi iuris societas civium?
(*****)
(50) (Scipio) ceteras vero res publicas ne appellandas quidem putant iis nominibus quibus illae sese appellari velint. cur enim regem appellem Iovis optimi nomine hominem dominandi cupidum aut imperii singularis, populo oppresso dominantem, non tyrannum potius? tam enim esse clemens tyrannus quam rex inportunus potest: ut hoc populorum intersit utrum comi domino an aspero serviant; quin serviant quidem fieri non potest. quo autem modo adsequi poterat Lacedaemo illa tum, cum praestare putabatur disciplina rei publicae, ut bonis uteretur iustisque regibus, cum esset habendus rex quicumque genere regio natus esset? nam optimatis quidem quis ferat, qui non populi concessu sed suis comitiis hoc sibi nomen adrogaverunt? qui enim iudicatur iste optimus? doctrina artibus studiis, audio: quando?
(*****)
(51) (Scipio) Si fortuito id faciet, tam cito evertetur quam navis, si e vectoribus sorte ductus ad gubernacula accesserit. quodsi liber populus deliget quibus se committat, deligetque si modo salvus esse vult optimum quemque, certe in optimorum consiliis posita est civitatium salus, praesertim cum hoc natura tulerit, non solum ut summi virtute et animo praeesse inbecillioribus, sed ut hi etiam parere summis velint. verum hunc optimum statum pravis hominum opinionibus eversum esse dicunt, qui ignoratione virtutis, quae cum in paucis est tum a paucis iudicatur et cernitur, opulentos homines et copiosos, tum genere nobili natos esse optimos putant. hoc errore vulgi cum rem publicam opes paucorum, non virtutes tenere coeperunt, nomen illi principes optimatium mordicus tenent, re autem carent eo nomine. nam divitiae, nomen, opes vacuae consilio et vivendi atque aliis imperandi modo dedecoris plenae sunt et insolentis superbiae, nec ulla deformior species est civitatis quam illa in qua opulentissimi optimi putantur. (52) virtute vero gubernante rem publicam, quid potest esse praeclarius? cum is qui inperat aliis servit ipse nulli cupiditati, cum quas ad res civis instituit et vocat, eas omnis conplexus est ipse, nec leges inponit populo quibus ipse non pareat, sed suam vitam ut legem praefert suis civibus. qui si unus satis omnia consequi posset, nihil opus esset pluribus; si universi videre optimum et in eo consentire possent, nemo delectos principes quaereret. difficultas ineundi consilii rem a rege ad plures, error et temeritas populorum a multitudine ad paucos transtulit. sic inter <in>firmitatem unius temeritatemque multorum medium optimates possederunt locum, quo nihil potest esse moderatius; quibus rem publicam tuentibus beatissimos esse populos necesse est, vacuos omni cura et cogitatione, aliis permisso otio suo, quibus id tuendum est neque committendum ut sua commoda populus neglegi a principibus putet. (53)

nam aequabilitas quidem iuris, quam amplexantur liberi populi, neque servari potest - ipsi enim populi, quamvis soluti ecfrenatique sint, praecipue multis multa tribuunt, et est in ipsis magnus dilectus hominum et dignitatum -, eaque quae appellatur aequabilitas iniquissima est: cum enim par habetur honos summis et infimis, qui sint in omni populo necesse est, ipsa aequitas iniquissima est; quod in iis civitatibus quae ab optimis reguntur accidere non potest. haec fere Laeli et quaedam eiusdem generis ab iis qui eam formam rei publicae maxime laudant disputari solent.'

(54) Tum Laelius: 'quid tu' inquit 'Scipio? e tribus istis quod maxime probas?' (Scipio) recte quaeris quod maxime e tribus, quoniam eorum nullum ipsum per se separatim probo, anteponoque singulis illud quod conflatum fuerit ex omnibus. sed si unum ac simplex p<ro>bandum <sit>, regium <pro>bem ... pri ... in ... f ... hoc loco appellatur, occurrit nomen quasi patrium regis, ut ex se natis ita consulentis suis civibus et eos con<s>ervantis stu<dio>sius quam ... entis ... tem ... us ... tibus ... uos sustentari unius optimi et summi viri diligentia. (55) adsunt optimates, qui se melius hoc idem facere profiteantur, plusque fore dicant in pluribus consilii quam in uno, et eandem tamen aequitatem et fidem. ecce autem maxima voce clamat populus neque se uni neque paucis velle parere; libertate ne feris quidem quicquam esse dulcius; hac omnes carere, sive regi sive optimatibus serviant. ita caritate nos capiunt reges, consilio optimates, libertate populi, ut in conparando difficile ad eligendum sit quid maxime velis.' (Laelius) 'credo' inquit, 'sed expediri quae restant vix poterunt, si hoc incohatum reliqueris.'

(56) (Scipio) 'imitemur ergo Aratum, qui magnis de rebus dicere exordiens a Iove incipiendum putat.' (Laelius) 'quo Iove? aut quid habet illius carminis simile haec oratio?' (Scipio) 'tantum' inquit 'ut rite ab eo dicendi principia capiamus, quem unum omnium deorum et hominum regem esse omnes docti indoctique [expoliri] consentiunt. 'quid?' inquit Laeliu.' 't ille (Scipio) 'quid censes nisi quod est ante oculos? sive haec ad utilitatem vitae constituta sunt a principibus rerum publicarum, ut rex putaretur unus esse in caelo, qui nutu ut ait Homerus, totum Olympum converteret, idemque et rex et pater haberetur omnium, magna auctoritas est multique testes, siquidem omnis multos appellari placet, ita consensisse gentes decretis videlicet principum, nihil esse rege melius, quoniam deos omnis censent unius regi numine; sive haec in errore inperitorum posita esse et fabularum similia dicimus, audiamus communis quasi doctores eruditorum hominum, qui tamquam oculis illa viderunt, quae nos vix audiendo cognoscimus.' 'quinam' inquit Laelius 'isti sunt?' et ille (Scipio) 'qui natura omnium rerum pervestiganda senserunt omnem hunc mundum mente'
(*****)

(58) (Scipio) 'sed si vis Laeli, dabo tibi testes nec nimis antiquos nec ullo modo barbaros.' (Laelius) 'istos' inquit volo.' (Scipio) 'videsne igitur minus

quadringentorum annorum esse hanc urbem ut sine regibus sit?' (Laelius) 'vero minus.' (Scipio) 'quid ergo? haec quadringentorum annorum aetas ut urbis et civitatis num valde longa est?' (Laelius) 'ista vero' inquit 'adulta vix'. (Scipio) 'ergo his annis quadringentis Romae rex erat?' (Laelius) 'et superbus quidem. (Scipio) quid supra? (Laelius) 'iustissimus, et deinceps retro usque ad Romulum, qui ab hoc tempore anno sescentesimo rex erat.' (Scipio) 'ergo ne iste quidem pervetus?' (Laelius) 'minime, ac prope senescente iam Graecia.' 'cedo, num' Scipio 'barbarorum Romulus rex fuit?' (Laelius) 'si ut Graeci dicunt omnis aut Graios esse aut barbaros, vereor ne barbarorum rex fuerit; sin id nomen moribus dandum est, non linguis, non Graecos minus barbaros quam Romanos puto.' et Scipio: 'atqui ad hoc de quo agitur non quaerimus gentem, ingenia quaerimus. si enim et prudentes homines et non veteres reges habere voluerunt, utor neque perantiquis neque inhumanis ac feris testibus.

(59) Tum Laelius: 'video te Scipio testimoniis satis instructum, sed apud me, ut apud bonum iudicem, argumenta plus quam testes valent.' tum Scipio: 'utere igitur argumento Laeli tute ipse sensus tui.' 'cuius' inquit ille (Laelius) 'sensus?' (Scipio) 'Si quando, si forte tibi visus es irasci alicui.' (Laelius) 'ego vero saepius quam vellem.' (Scipio) 'quid? tum cum tu es iratus, permittis illi iracundiae dominatum animi tui?' (Laelius) 'non mehercule' inquit, 'sed imitor Archytam illum Tarentinum, qui cum ad villam venisset et omnia aliter offendisset ac iusserat, 'a te [in] felicem' inquit vilico, 'quem necassem iam verberibus, nisi iratus essem.' (60) 'optime' inquit Scipio. 'ergo Archytas iracundiam videlicet dissidentem a ratione seditionem quandam animi esse iure ducebat, atque eam consilio sedari volebat; adde avaritiam, adde imperii, adde gloriae cupiditatem, adde libidines, et illud vides: si in animis hominum regale imperium sit, unius fore dominatum, consilii scilicet – ea est enim animi pars optima –, consilio autem dominante nullum esse libidinibus, nullum irae, nullum temeritati locum.' (Laelius) 'sic' inquit 'est.' (Scipio) 'probas igitur animum ita adfectum?' (Laelius) 'nihil vero' inquit 'magis.' (Scipio) 'ergo non probares, si consilio pulso libidines, quae sunt innumerabiles, iracundiaeve tenerent omnia?' (Laelius) 'ego vero nihil isto animo, nihil ita animato homine miserius ducerem.' (Scipio) 'sub regno igitur tibi esse placet omnis animi partes, et eas regi consilio?' (Laelius) 'miti vero sic placet.' (Scipio) 'cor igitur dubitas quid de re publica sentias? in qua si in plures translata res sit, intellegi iam licet nullum fore quod praesit inperium, quod quidem nisi unum sit esse nullum potest.'

(61) Tum Laelius: 'quid quaeso interest inter unum et plures, si iustitia est in pluribus?' et Scipio: 'quoniam testibus meis intellexi Laeli te non valde moveri, non desinam te uti teste, ut hoc quod dico probem.' 'me?' inquit ille (Laelius) 'quonam modo?' (Scipio) 'quia animum adverti nuper, cum essemus in Formiano, te familiae valde interdicere, ut uni dicto audiens esset.' (Laelius) 'quippe vilico.' (Scipio) 'quid? domi pluresne praesunt

negotiis tuis?' (Laelius) 'immo vero unus' inquit. (Scipio) 'quid? totam domum num quis alter praeter te regit?' (Laelius) 'minime vero.' (Scipio) 'quin tu igitur concedis <it>idem in re publica singulorum dominatus, si modo iusti sint, esse optimos?' (Laelius) 'adducor,' inquit, 'et prope modum adsentior.'

(62) Et Scipio: 'tum magis adsentiare Laeli, si - ut omittam similitudines, uni gubernatori, uni medico, si digni modo sint iis artibus, rectius esse alteri navem committere, aegrum alteri quam multis - ad maiora pervenero.' (Laelius) 'quaenam ista sunt?' (Scipio) 'quid? tu non vides unius inportunitate et superbia Tarquinii nomen huic populo in odium venisse regium?' (Laelius) 'video vero' inquit. (Scipio) 'ergo etiam illud vides, de quo progrediente oratione plura me dicturum puto, Tarquinio exacto mira quadam exultasse populum insolentia libertatis; tum exacti in exilium innocentes, tum bona direpta multorum, tum annui consules, tum demissi populo fasces, tum provocationes omnium rerum, tum secessiones plebis, tum prorsus ita acta pleraque ut in populo essent omnia.' (Laelius) 'est' inquit 'ut dicis.' (63) 'est vero' inquit Scipio 'in pace et otio - licet enim lascivire, dum nihil metuas - ut in navi ac saepe etiam in morbo levi. sed ut ille qui navigat, cum subito so mare coepit horrescere, et ille aeger ingravescente morbo unius opem inplorat, sic noster populus in pace et domi imperat et ipsis magistratibus, minatur, recusat, appellat, provocat, in bello sic paret ut regi; valet enim salus plus quam libido. gravioribus vero bellis es etiam sine collega omne imperium nostri penes singulos esse voluerunt, quorum ipsum nomen vim suae potestatis indicat. nam dictator quidem ab eo appellatur quia dicitur, sed in nostris libris vides eum Laeli magistrum populi appellari.' (Laelius) 'video' inquit. et Scipio: 'sapienter igitur illi vete<res>

(*****)

(64) (Scipio.) 'iusto quidem rege cum est populus orbatus, 'pectora dura tenet desiderium,' sicut ait Ennius, post optimi regis obitum;

... simul inter
Sese sic memorant: 'o Romule Romule die,
Qualem te patriae custodem di genuerunt!
O pater, o genitor, o sanguen dis oriundum!'

non eros nec dominos appellant eos quibus iuste paruerunt, denique ne reges quidem, sed patriae custodes, sed patres, sed deos; nec sine causa; quid enim adiungunt?

'Tu produxisti nos intra luminis oras.'

vitam honorem decus sibi datum esse iustitia regie existimabant. mansisset eadem voluntas in eorum posteris, si regum similitudo permansisset, sed vides unius iniustitia concidisse genus illud totum rei publicae.' (Laelius) 'video vero' inquit 'et studeo cursus istos mutationum non magis in nostra quam in omni re publica noscere.'

(65) Et Scipio: 'est omnino, cum de illo genere rei publicae quod maxime probo quae sentio dixero, accuratius mihi dicendum de commutationibus rerum publicarum, etsi minime facile eas in ea re publica futuras puto. sed huius regiae prima et certissima est illa mutatio: cum rex iniustus esse coepit, perit illud ilico genus, et est idem ille tyrannus, deterrimum genus et finitimum optimo; quem si optimates oppresserunt, quod ferme evenit, habet statum res publica de tribus secundarium; est enim quasi regium, id est patrium consilium populo bene consulentium principum. sin per se populus interfecit aut eiecit tyrannum, est moderatior, quoad sentit et sapit, et sua re gesta laetatur, tuerique vult per se constitutam rem publicam. sin quando aut regi iusto vim populus attulit regnove eum spoliavit, aut etiam, id quod evenit saepius, optimatium sanguinem gustavit ac totam rem publicam substravit libidini suae: cave putes aut[em] mare ullum aut flammam esse tantam, quam non facilius sit sedare quam effrenatam insolentia multitudinem! tum fit illud quod apud Platonem est luculente dictum, si modo id exprimere Latine potuero; difficile factu est, sed conabor tamen. (66) "Cum" enim inquit "inexplebiles populi fauces exaruerunt libertatis siti, malisque usus ille ministris non modice temperatam sed nimis meracam libertatem sitiens hausit, tum magistratus et principes, nisi valde lenes et remissi sint et large sibi libertatem ministrent, insequitur insimulat arguit, praepotentes reges tyrannos vocat." puto enim tibi haec esse nota.' 'vero mihi' inquit ille (Laelius) 'notissima.' (67) (Scipio) 'ergo illa sequuntur, "eos qui pareant principibus agitari ab eo populo et servos voluntarios appellari; eos autem qui in magistratu privatorum similes esse velint, eosque privatos qui efficiant ne quid inter privatum et magistratum differat, <ef>ferunt laudibus, [et] mactant honoribus, ut necesse sit in eius modi re publica plena libertatis esse omnia, ut et privata domus omnis vacet dominatione, et hoc malum usque ad bestias perveniat, denique ut pater filium metuat, filius patrem neclegat, absit omnis pudor, ut plane liberi sint, nihil intersit civis an peregrinus, magister ut discipulos metuat et iis blandiatur, spernantque discipuli magistros, adulescentes ut senum sibi pondus adsumant, senes autem ad ludum adulescentium descendant, ne sint iis odiosi et graves; ex quo fit ut etiam servi se liberius gerant, uxores eodem iure sint quo viri, inque tanta libertate canes etiam et equi, aselli denique libere [sint] sic incurrant ut iis de via decedendam sit. ergo ex hac infinita," inquit, "licentia haec summa cogitur, ut ita fastidiosae mollesque mentes evadant civium, ut si minima vis adhibeatur imperii, irascantur et perferre nequeant; ex quo leges quoque incipiunt neclegere, ut plane sine ullo domino sint."'
(68) Tum Laelius: 'prorsus' inquit 'expressa sunt a te quae dicta sunt ab illo.' (Scipio) 'atque ut iam ad sermonis mei auctorem revertar, ex hac nimia licentia, quam illi solam libertatem putant, ait ille ut ex stirpe quadam existere et quasi nasci tyrannum. nam ut ex nimia potentia principum oritur

interitus principum, sic hunc nimis liberum populum libertas ipsa servitute adficit. sic omnia nimia, cum vel in tempestate vel in agris vel in corporibus laetiora fuerunt, in contraria fere convertuntur, maximeque <id> in rebus publicis evenit, nimiaque illa libertas et populis et privatis in nimiam servitutem cadit. itaque ex hac maxima libertate tyrannus gignitur et illa iniustissima et durissima servitus. ex hoc enim populo indomito vel potius immani deligitur aliqui plerumque dux contra illos principes adflictos iam et depulsos loco, audax, inpurus, consectans proterve bene saepe de re publica meritos, populo gratificans et aliena et sua; cui quia privato so sunt oppositi timores, dantur imperia, et ea continuantur, praesidiis etiam, ut Athenis Pisistratus, saepiuntur, postremo, a quibus producti sunt, existunt eorum ipsorum tyranni; quos si boni oppresserunt, ut saepe fit, recreatur civitas; sin audaces, fit illa factio, genus aliud tyrannorum, eademque oritur etiam ex illo saepe optimatium praeclaro statu, cum ipsos principes aliqua pravitas de via deflexit. sic tanquam pilam rapiunt inter se rei publicae statum tyranni ab regibus, ab iis autem principes aut populi, a quibus aut factiones aut tyranni, nec diutius unquam tenetur idem rei publicae modus.

(69) Quod ita cum sit, <ex> tritus primis generibus longe praestat mea sententia regium, regio autem ipsi praestabit id quod erit aequatum et temperatum ex tribus primis rerum publicarum modis. placet enim esse quiddam in re publica praestans et regale, esse aliud auctoritati principum inpartitum ac tributum, esse quasdam res servatas iudicio voluntatique multitudinis. haec constitutio primum habet aequabilitatem quandam [magnam], qua carere diutius vix possunt liberi, deinde firmitudinem, quod et illa prima facile in contraria vitia convertuntur, ut exsistat ex rege dominus, ex optimatibus factio, ex populo turba et confusio; quodque ipsa genera generibus saepe conmutantur novis, hoc in hac iuncta moderateque permixta constitutione rei publicae non ferme sine magnis principum vitiis evenit. non est enim causa conversionis, ubi in suo quisque est gradu firmiter collocatus, et non subest quo praecipitet ac decidat.

(70) Sed vereor, Laeli vosque homines amicissimi ac prudentissimi, ne si diutius in hoc genere verser, quasi praecipientis cuiusdam et docentis et non vobiscum simul considerantis esse videatur oratio mea. quam ob rem ingrediar in ea quae nota sunt omnibus, quaesita autem a nobis iam diu. sic enim decerno, sic sentio, sic adfirmo, nullam omnium rerum publicarum aut constitutione aut discriptione aut disciplina conferendam esse cum ea, quam patres nostri nobis acceptam iam inde a maioribus reliquerunt. quam, si placet, quoniam ea quae tenebatis ipsi etiam ex me audire voluistis, simul et qualis sit et optimam esse ostendam, eitaque ad exemplum nostra re publica, accommodabo ad eam si potero omnem illam orationem quae est mihi habenda de optimo civitatis statu. quod si tenere et consequi potuero, cumulate munus hoc, cui me Laelius praeposuit, ut opinio mea fert, effecero.'

(71) Tum Laelius: 'tuum vero' inquit 'Scipio, ac tuum quidem unius. quis enim te potius aut de malorum dixerit institutis, cum sis clarissimis ipse maioribus? aut de optimo statu civitatis? quem si habemus, etsi ne nunc quidem, tum vero, quis te possit esse florentior? aut de consiliis in posterum providendis? cum tu duobus huius urbis terroribus depulsis in omne tempus prospexeris?'

LIBER SECUNDUS

(1) <cupidi>tate audiendi, ingressus est sic loqui Scipio: 'Catonis hoc senis est, quem ut scitis unice dilexi maximeque sum admiratus, cuique vel patris utriusque iudicio vel etiam meo studio me totum ab adulescentia dedidi; cuius me numquam satiare potuit oratio; tantus erat in homine usus rei publicae, quam et domi et militiae cum optime tum etiam diutissime gesserat, et modus in dicendo. et gravitate mixtus lepos, et summum vel discendi studium vel docendi, et orationi vita admodum congruens. (2) is dicere solebat ob hanc causam praestare nostrae civitatis statum ceteris civitatibus, quod in illis singuli fuissent fere quorum suam quisque rem publicam constituisset legibus atque institutis suis, ut Cretum Minos, Lacedaemoniorum Lycurgus, Atheniensium, quae persaepe commutata esset, tum Theseus tum Draco tum Solo tum Clisthenes tum multi alii, postremo exsanguem iam et iacentem doctus vir Phalereus sustentasset Demetrius, nostra autem res publica non unius esset ingenio sed multorum, nec una hominis vita sed aliquot constituta saeculis et aetatibus. nam neque ullum ingenium tantum extitisse dicebat, ut quem res nulla fugeret quisquam aliquando fuisset, neque cuncta ingenia conlata in unum tantum posse uno tempore providere, ut omnia complecterentur sine rerum usu ac vetustate. (3) quam ob rem, ut ille solebat, ita nunc mea repetet oratio populi Romani originem; libenter enim etiam verbo utor Catonis. faciliUs autem quod est propositum consequar, si nostram rem publicam vobis et nascentem et crescentem et adultam et iam firmam atque robustam ostendero. quam si mihi aliquam, ut apud Platonem Socrates, ipse finxero.'

(4) Hoc cum omnes adprobavissent, 'quod habemus' inquit 'institutae rei publicae tam clarum ac tam omnibus notum exordium quam huius urbis condendae principium profectum a Romulo? qui patre Marte natus - concedamus enim famae hominum, praesertim non inveteratae solum sed etiam sapienter a maioribus proditae, bene meriti de rebus communibus ut

genere etiam putarentur, non solum ingenio esse divino - is igitur ut natus sit, cum Remo fratre dicitur ab Amulio rege Albano ob labefactandi regni timorem ad Tiberim exponi iussus esse; quo in loco cum esset silvestris beluae sustentatus uberibus, pastoresque eum sustulissent et in agresti cultu laboreque aluissent, perhibetur ut adoleverit et corporis viribus et animi ferocitate tantum ceteris praestitisse, ut omnes qui tum eos agros ubi hodie est haec urbs incolebant, aequo animo illi libenterque parerent. quorum copiis cum se ducem praebuisset, ut [et] iam a fabulis ad facta veniamus, oppressisse Longam Albam, validam urbem et potentem temporibus illis, Amuliumque regem interemisse fertur.

(5) Qua gloria parta urbem auspicato condere et firmare dicitur primum cogitavisse rem publicam. urbi autem locum, quod est ei qui diuturnam rem publicam serere conatur diligentissime providendum, incredibili opportunitate delegit. neque enim ad mare admovit, quod ei fuit illa manu copiisque facillimum, ut in agrum Rutulorum Aboriginumve procederet, aut in ostio Tiberino, quem in locum multis post annis rex Ancus coloniam deduxit, urbem ipse conderet, sed hoc vir excellenti providentia sensit ac vidit, non esse opportunissimos situs maritimos urbibus eis quae ad spem diuturnitatis conderentur atque imperii, primum quod essent urbes maritimae non solum multis periculis oppositae sed etiam caecis. (6) nam terra continens adventus hostium non modo expectatos sed etiam repentinos multis indiciis et quasi fragore quodam et sonitu ipso ante denuntiat, neque vero quisquam potest hostis advolare terra, quin eum non modo <ad>esse sed etiam quis et unde sit scire possimus. maritimus vero ille et navalis hostis ante adesse potest quam quisquam venturum esse suspicari queat, nec vero cum venit prae se fert aut qui sit aut unde veniat aut etiam quid velit, denique ne nota quidem ulla, pacatus an hostis sit, discerni ac iudicari potest.

(7) Est autem maritimis urbibus etiam quaedam corruptela ac mutatio morum; admiscentur enim novis sermonibus ac disciplinis, et inportantur non merces solum adventiciae sed etiam mores, ut nihil possit in patriis institutis manere integrum. iam qui incolunt eas urbes, non haerent in suis sedibus, sed volucri semper spe et cogitatione rapiuntur a domo longius, atque etiam cum manent corpore, animo tamen exulant et vagantur. nec vero ulla res magis labefactatam diu et Carthaginem et Corinthum pervertit aliquando, quam hic error ac dissipatio civium, quod mercandi cupiditate et navigandi et agrorum et armorum cultum reliquerant. (8) multa etiam ad luxuriam invitamenta perniciosa civitatibus subpeditantur mari, quae vel capiuntur vel inportantur; atque habet etiam amoenitas ipsa vel sumptuosas vel desidiosas inlecebras multas cupiditatum. et quod de Corintho dixi, id haut scio an liceat de cuncta Graecia verissime dicere; nam et ipsa Peloponnesus fere tota in mari est, nec praeter Phliasios ulli sunt quorum agri non contingant mare, et extra Peloponnesum Aenianes et Doris et

Dolopes soli absunt a mari. quid dicam insulas Graeciae? quae fluctibus cinctae natant paene ipsae simul cum civitatum institutis et moribus. (9) atque haec quidem ut supra dixi veteris sunt Graeciae. coloniarum vero quae est deducta a Graiis in Asiam Thracam Italiam Siciliam Africam praeter unam Magnesiam, quam unda non adluat? ita barbarorum agris quasi adtexta quaedam videtur ora esse Graeciae; nam e barbaris quidem ipsis nulli erant antea maritumi praeter Etruscos et Poenos. alteri mercandi causa, latrocinandi alteri. quae causa perspicua est malorum commutationumque Graeciae propter ea vitia maritimarum urbium quae ante paulo perbreviter adtigi. sed tamen in his vitiis inest illa magna commoditas, et quod ubique genitum est ut ad eam urbem quam incolas possit adnare, et rursus ut id quod agri efferant sui, quascumque velint in terras portare possint ac mittere.

(10) Qui potuit igitur divinius et utilitates conplecti maritimas Romulus et vitia vitare, quam quod urbem perennis amnis et aequabilis et in mare late influentis posuit in ripa? quo posset urbs et accipere a mari quo egeret, et reddere quo redundaret, eodemque ut flumine res ad victum cultumque maxime necessarias non solum mari absorberet, sed etiam invectas acciperet ex terra, ut mihi iam tum divinasse ille videatur hanc urbem sedem aliquando et domum summo esse imperio praebituram; nam hanc rerum tantam potentiam non ferme facilius alia ulla in parte Italiae posita urbs tenere potuisset.

(11) Urbis autem ipsius nativa praesidia quis est tam neclegens qui non habeat animo notata planeque cognita? cuius is est tractus doctusque muri cum Romuli tum etiam reliquorum regum sapientia definitus, ex omni parte arduis praeruptisque montibus ut unus aditus, qui esset inter Esquilinum Quirinalemque montem, maximo aggere obiecto fossa cingeretur vastissima, atque ut ita munita arx circuitu arduo et quasi circumciso saxo niteretur, ut etiam in illa tempestate horribili Gallici adventus incolumis atque intacta permanserit. locumque delegit et fontibus abundantem et in regione pestilenti salubrem; colles enim sunt, qui cum perflantur ipsi tum adferunt umbram vallibus.

(12) Atque haec quidem perceleriter confecit; nam et urbem constituit, quam e suo nomine Romam iussit nominari, et ad firmandam novam civitatem novum quoddam et subagreste consilium, sed ad muniendas opes regni ac populi sui magni hominis et iam tum longe providentis secutus est, cum Sabinas honesto ortas loco virgines, quae Romam ludorum gratia venissent, quos tum primum anniversarios in circo facere instituisset Consualibus, rapi iussit, easque in familiarum amplissimarum matrimoniis collocavit. (13) qua ex causa cum bellum Romanis Sabini intulissent, proeliique certamen varium atque anceps fuisset, cum T. Tatio rege Sabinorum foedus icit, matronis ipsis quae raptae erant orantibus; quo foedere et Sabinos in civitatem adscivit sacris conmunicatis, et regnum

suum cum illorum rege sociavit.

(14) Post interitum autem Tatii cum ad eum dominatus omnis reccidisset, quamquam cum Tatio in regium consilium delegerat principes - qui appellati sunt propter caritatem patres - populumque et suo et Tati nomine et Lucomonis, qui Romuli socius in Sabino proelio occiderat, in tribus tris curiasque triginta discripserat - quas curias earum nominibus nuncupavit quae ex Sabinis virgines raptae postea fuerant oratrices pacis et foederis -: sed quamquam ea Tatio sic erant discripta vivo, tamen eo interfecto multo etiam magis Romulus patrum auctoritate consilioque regnavit.

(15) Quo facto primum vidit iudicavitque idem quod Spartae Lycurgus paulo ante viderat, singulari imperio et potestate regia tum melius gubernari et regi civitates, si esset optimi cuiusque ad illam vim dominationis adiuncta auctoritas. itaque hoc consilio et quasi senatu fultus et munitus, et bella cum finitimis felicissime multa gessit, et cum ipse nihil ex praeda domum suam reportaret, locupletare civis non destitit. (16) tum, id quod retinemus hodie magna cum salute rei publicae, auspiciis plurimum obsecutus est Romulus. nam et ipse, quod principium rei publicae fuit, urbem condidit auspicato, et omnibus publicis rebus instituendis, qui sibi <ad>essent in auspiciis, ex singulis tribubus singulos cooptavit augures, et habuit plebem in clientelas principum discriptam - quod quantae fuerit utilitati post videro - multaeque dictione ovium et boum - quod tunc erat res in pecore et locorum possessionibus, ex quo pecuniosi et locupletes vocabantur - non vi et suppliciis coercebat.

(17) Ac Romulus cum septem et triginta regnavisset annos, et haec egregia duo firmamenta rei publicae peperisset, auspicia et senatum, tantum est consecutus, ut cum subito sole obscurato non conparuisset, deorum in numero conlocatus putaretur; quam opinionem nemo umquam mortalis adsequi potuit sine eximia virtutis gloria. (18) atque hoc eo magis est in Romulo admirandum, quod ceteri qui dii ex hominibus facti esse dicuntur, minus eruditis hominum saeculis fuerunt, ut fingendi proclivis esset ratio, cum imperiti facile ad credendum inpellerentur, Romuli autem aetatem minus his sescentis annis iam inveteratis litteris atque doctrinis omnique illo antiquo ex inculta hominum vita errore sublato fuisse cernimus. nam si, id quod Graecorum investigatur annalibus, Roma condita est secundo anno olympiadis septumae, in id saeculum Romuli cecidit aetas, cum iam plena Graecia poetarum et musicorum esset, minorque fabulis nisi de veteribus rebus haberetur fides. nam centum et octo annis postquam Lycurgus leges scribere instituit, prima posita est olympias, quam quidam nominis errore ab eodem Lycurgo constitutam putant; Homerum autem qui minimum dicunt Lycurgi aetati triginta annis anteponunt fere. (19) ex quo intellegi potest permultis annis ante Homerum fuisse quam Romulum, ut iam doctis hominibus ac temporibus ipsis eruditis ad fingendum vix quicquam esset

loci. antiquitas enim recepit fabulas fictas etiam non numq<uam incondite, haec aetas autem iam exculta praesertim eludens omne quod fieri non potest respuit>.

(*****)

(20) us ne<pos ei>us, ut di<xeru>nt quid<am, e>x filia. quo <vero> ille mor<tuus, e>odem <est an>no na<tus Si>moni<des ol>ympia<de se>xta et quin<quag>esima, <quo f>acilius <intel>legi pos<sit tu>m de Rol<mu>li [iam] immortalitate creditum, cum iam inveterata vita hominum ac tractata esset et cognita. sed profecto tanta fuit in eo vis ingenii atque virtutis, ut id de Romulo Proculo Iulio homini agresti crederetur, quod multis iam ante saeclis nullo alio de mortali homines credidissent; qui inpulsu patrum, quo illi a se invidiam interitus Romuli pellerent, in contione dixisse fertur, a se visam esse in eo colle Romulum qui nunc Quirinalis vocatur; eum sibi mandasse ut populum rogaret, ut sibi eo in colle delubrum fieret; se deum esse et Quirinum vocari.

(21) Videtisne igitur unius viri consilio non solum ortum novum populum, neque ut in cunabulis vagientem relictum, sed adultum iam et paene puberem?' tum Laelius: 'nos vero videmus, et te quidem ingressum ratione ad disputandum nova, quae nusquam est in Graecorum libris. nam princeps ille, quo nemo in scribendo praestantior fuit, aream sibi sumpsit, in qua civitatem extrueret arbitratu suo, praeclaram ille quidem fortasse, sed a vita hominum abhorrentem et a moribus; (22) reliqui disseruerunt sine ullo certo exemplari formaque rei publicae de generibus et de rationibus civitatum; tu mihi videris utrumque facturus: es enim ita ingressus ut quae ipse reperias tribuere aliis malis, quam, ut facit apud Platonem Socrates, ipse fingere, et illa de urbis situ revoces ad rationem quae a Romulo casu aut necessitate facta sunt, et disputes non vaganti oratione sed defixa in una re publica. quare perge ut instituisti; prospicere enim iam videor te reliquos reges persequente quasi perfectam rem publicam.'

(23) 'Ergo' inquit Scipio 'cum ille Romuli senatus, qui constabat ex optimatibus, quibus ipse rex tantum tribuisset ut eos patres vellet nominari patriciosque eorum liberos, temptaret post Romuli excessum ut ipse regeret sine rege rem publicam, populus id non tulit, desiderioque Romuli postea regem flagitare non destitit; cum prudenter illi principes novam et inauditam ceteris gentibus interregni ineundi rationem excogitaverunt, ut quoad certus rex declaratus esset, nec sine rege civitas nec diuturno rege esset uno, nec committeretur ut quisquam inveterata potestate aut ad deponendum imperium tardior esset aut ad optinendum munitior. (24) quo quidem tempore novus ille populus vidit tamen id quod fugit Lacedaemonium Lycurgum, qui regem non deligendum duxit, si modo hoc in Lycurgi potestate potuit esse, sed habendum, qualiscumque is foret, qui modo esset Herculi stirpe generatus; nostri illi etiam tum agrestes viderunt virtutem et sapientiam regalem, non progeniem, quaeri oportere.

(25) Quibus cum esse praestantem Numam Pompilium fama ferret, praetermissis suis civibus regem alienigenam patribus auctoribus sibi ipse populus adscivit, eumque ad regnandum Sabinum hominem Romam Curibus accivit. qui ut huc venit, quamquam populus curiatis eum comitiis regem esse iusserat, tamen ipse de suo imperio curiatam legem tulit, hominesque Romanos instituto Romuli bellicis studiis ut vidit incensos, existimavit eos paulum ab illa consuetudine esse revocandos.

(26) Ac primum agros quos bello Romulus ceperat divisit viritim civibus, docuitque sine depopulatione atque praeda posse eos colendis agris abundare commodis omnibus, amoremque eis otii et pacis iniecit, quibus facillime iustitia et fides convalescit, et quorum patrocinio maxime cultus agrorum perceptioque frugum defenditur. idemque Pompilius et auspiciis maioribus inventis ad pristinum numerum duo augures addidit, et sacris e principum numero pontifices quinque praefecit, et animos propositis legibus his quas in monumentis habemus ardentis consuetudine et cupiditate bellandi religionum caerimoniis mitigavit, adiunxitque praeterea flamines Salios virginesque Vestales, omnisque partis religionis statuit sanctissime. (27) sacrorum autem ipsorum diligentiam difficilem, apparatum perfacilem esse voluit; nam quae perdiscenda quaeque observanda essent, multa constituit, sed ea sine inpensa. sic religionibus colendis operam addidit, sumptum removit, idemque mercatus ludos omnesque conveniundi causas et celebritates invenit. quibus rebus institutis ad humanitatem atque mansuetudinem revocavit animos hominum studiis bellandi iam immanis ac feros. Sic ille cum undequadraginta annos summa in pace concordiaque regnavisset, - sequamur enim potissimum Polybium nostrum, quo nemo fuit in exquirendis temporibus diligentior, - excessit e vita, duabus praeclarissimis ad diuturnitatem rei publicae rebus confirmatis, religione atque clementia.'

(28) Quae cum Scipio dixisset, 'verene' inquit Manilius 'hoc memoriae proditum est Africane, regem istum Numam Pythagorae ipsius discipulum aut certe Pythagoreum fuisse? saepe enim hoc de maioribus natu audivimus, et ita intellegimus vulgo existimari; neque vero satis id annalium publicorum auctoritate declaratum videmus.' tum Scipio: 'falsum est enim Manili' inquit 'id totum, neque solum fictum sed etiam imperite absurdeque fictum; ea sunt enim demum non ferenda mendacia, quae non solum ficta esse sed ne fleri quidem potuisse cernimus. nam quartum iam annum regnante Lucio Tarquinio Superbo Sybarim et Crotonem et in eas Italiae partis Pythagoras venisse reperitur; olympias enim secunda et sexagesima eadem Superbi regni initium et Pythagorae declarat adventum. (29) ex quo intellegi regiis annis dinumeratis potest anno fere centesimo et quadragesimo post mortem Numae primum Italiam Pythagoram attigisse; neque hoc inter eos qui diligentissime persecuti sunt temporum annales, ulla est umquam in dubitatione versatum.' 'di inmortales' inquit Manilius, 'quantus iste est

hominum et quam inveteratus error! ac tamen facile patior non esse nos transmarinis nec inportatis artibus eruditos, sed genuinis domesticisque virtutibus.' (30) 'atqui multo id facilius cognosces,' inquit Africanus, 'si progredientem rem publicam atque in optimum statum naturali quodam itinere et cursu venientem videris; quin hoc ipso sapientiam maiorum statues esse laudandam, quod multa intelleges etiam aliunde sumpta meliora apud nos multo esse facta, quam ibi fuissent unde huc translata essent atque ubi primum extitissent, intellegesque non fortuito populum Romanum sed consilio et disciplina confirmatum esse, nec tamen adversante fortuna.

(31) Mortuo rege Pompilio Tullum Hostilium populus regem interrege rogante comitiis curiatis creavit, isque de imperio exemplo Pompili populum consuluit curiatim. cuius excellens in re militari gloria magnaeque extiterunt res bellicae, fecitque idem et saepsit de manubis comitium et curiam, constituitque ius quo bella indicerentur, quod per se iustissime inventum sanxit fetiali religione, ut omne bellum quod denuntiatum indictumque non esset, id iniustum esse atque inpium iudicaretur. et ut advertatis animum quam sapienter iam reges hoc nostri viderint tribuenda quaedam esse populo - multa enim nobis de eo genere dicenda sunt -, ne insignibus quidem regiis Tullus nisi iussu populi est ausus uti. nam ut sibi duodecim lictores cum fascibus anteire liceret
(*****)

$(33) (Laelius?) '<neque) enim serpit sed volat in optimum statum instituto tuo sermone res publica.' (Scipio) 'post eum Numae Pompili nepos ex filia rex a populo est Ancus Marcius constitutus, itemque de imperio suo legem curiatam tulit. qui cum Latinos bello devicisset, adscivit eos in civitatem, atque idem Aventinum et Caelium montem adiunxit urbi, quosque agros ceperat divisit, et silvas maritimas omnis publicavit quas ceperat, et ad ostium Tiberis urbem condidit colonisque firmavit. atque ita cum tres et viginti regnavisset annos, est mortuus.' tum Laelius: 'laudandus etiam iste rex; sed obscura est historia Romana, siquidem istius regis matrem habemus, ignoramus patrem.' (Scipio) 'ita est' inquit; 'sed temporum illorum tantum fere regum inlustrata sunt nomina.

(34) Sed hoc loco primum videtur insitiva quadam disciplina doctior facta esse civitas. influxit enim non tenuis quidam e Graecia rivulus in hanc urbem, sed abundantissimus amnis illarum disciplinarum et artium. fuisse enim quendam ferunt Demaratum Corinthium, et honore et auctoritate et fortunis facile civitatis suae principem; qui cum Corinthiorum tyrannum Cypselum ferre non potuisset, fugisse cum magna pecunia dicitur ac se contulisse Tarquinios, in urbem Etruriae florentissimam. cumque audiret dominationem Cypseli confirmari, defugit patriam vir liber ac fortis, et adscitus est civis a Tarquiniensibus atque in ea civitate domicilium et sedes collocavit. ubi cum de matre familias Tarquiniensi duo filios procreavisset, omnibus eos artibus ad Graecorum disciplinam eru

(*****)

(35) (Scipio) facile in civitatem receptus esset, propter humanitatem atque doctrinam Anco regi familiaris est factus usque eo ut consiliorum omnium particeps et socius paene regni putaretur. erat in eo praeterea summa comitas, summa in omnis civis opis, auxilii, defensionis, largiendi etiam benignitas. itaque mortuo Marcio cunctis populi suffragiis rex est creatus L. Tarquinius; sic enim suum nomen ex Graeco nomine inflexerat, ut in omni genere huius populi consuetudinem videretur imitatus. isque ut de suo imperio legem tulit, principio duplicavit illum pristinum patrum numerum, et antiquos patres maiorum gentium appellavit, quos priores sententiam rogabat, a se adscitos minorum. (36) Deinde equitatum ad hunc morem constituit qui usque adhuc est retentus, nec potuit Titiensium et Rhamnensium et Lucerum mutare cum cuperet nomina, quod auctor ei summa augur gloria Attus Navius non erat. atque etiam Corinthios video publicis equis adsignandis et alendis orborum et viduarum tributis fuisse quondam diligentis. sed tamen prioribus equitum partibus secundis additis MDCCC fecit equites numerumque duplicavit. postea bello subegit Aequorum magnam gentem et ferocem et rebus populi Romani imminentem, idemque Sabinos cum a moenibus urbis reppulisset, equitatu fudit belloque devicit, atque eundem primum ludos maximos, qui Romani dicti sunt, fecisse accepimus, aedemque in Capitolio Iovi optimo maximo bello Sabino in ipsa pugna vovisse faciendam, mortuumque esse cum duodequadraginta regnavisset annos.'

(37) Tum Laelius: 'nunc fit illud Catonis certius, nec temporis unius nec hominis esse constitutionem <nostrae> rei publicae; perspicuum est enim, quanta in singulos reges rerum bonarum et utilium fiat accessio. sed sequitur is qui mihi videtur ex omnibus in re publica vidisse plurimum.' 'ita est' inquit Scipio. 'nam post eum Servius Tullius primus iniussu populi regnavisse traditur, quem ferunt ex serva Tarquiniensi natum, cum esset ex quodam regis cliente conceptus. qui cum famulorum <in> numero educatus ad epulas regis adsisteret, non latuit scintilla ingenii quae iam tum elucebat in puero; sic erat in omni vel officio vel sermone sollers. itaque Tarquinius, qui admodum parvos tum haberet liberos, sic Servium diligebat, ut is eius vulgo haberetur filius, atque eum summo studio omnibus iis artibus quas ipse didicerat ad exquisitissimam consuetudinem Graecorum erudiit. (38) sed cum Tarquinius insidiis Anci filiorum interisset, Serviusque ut ante dixi regnare coepisset, non iussu sed voluntate atque concessu civium, quod cum Tarquinius ex vulnere aeger fuisse et vivere falso diceretur, ille regio ornatu ius dixisset obaeratosque pecunia sua liberavisset, multaque comitate usus iussu Tarquinii se ius dicere probavisset, non commisit se patribus, sed Tarquinio sepulto populum de se ipse consuluit, iussusque regnare legem de imperio suo curiatam tulit. et primum Etruscorum iniurias bello est ultus; ex quo cum ma

(*****)

(39) (Scipio) duodeviginti censu maximo. deinde equitum magno numero ex omni populi summa separato, relicuum populum distribuit in quinque classis, senioresque a iunioribus divisit, easque ita disparavit ut suffragia non in multitudinis sed in locupletium potestate essent, curavitque, quod semper in re publica tenendum est, ne plurimum valeant plurimi. quae discriptio si esset ignota vobis, explicaretur a me; nunc rationem videtis esse talem, ut equitum centuriae cum sex suffragiis et prima classis, addita centuria quae ad summum usum urbis fabris tignariis est data, LXXXVIIII centurias habeat; quibus e centum quattuor centuriis - tot enim reliquae sunt - octo solae si accesserunt, confecta est vis populi universa, reliquaque multo maior multitudo sex et nonaginta centuriarum neque excluderetur suffragiis, ne superbum esset, nec valeret nimis, ne esset periculosum. (40) in quo etiam verbis ac nominibus ipsis fuit diligens; qui cum locupletis assiduos appellasset ab asse dando, eos qui aut non plus mille quingentos aeris aut omnino nihil in suum censum praeter caput attulissent, proletarios nominavit, ut ex iis quasi proles, id est quasi progenies civitatis, expectari videretur. illarum autem sex et nonaginta centuriarum in una centuria tum quidem plures censebantur quam paene in prima classe tota. ita nec prohibebatur quisquam iure suffragii, et is valebat in suffragio plurimum, cuius plurimum intererat esse in optimo statu civitatem. quin etiam accensis velatis cornicinibus proletariis

(*****)

(41) statuo esse optume constitutam rem publicam, quae ex tribus generibus illis, regali et optumati et populari, confusa modice nec puniendo inritet animum inmanem ac ferum (Fremdzitat)

(42) (Scipio) sexaginta annis antiquior, quod erat XXXVIIII ante primam olympiadem condita. et antiquissimus ille Lycurgus eadem vidit fere. itaque ista aequabilitas atque hoc triplex rerum publicarum genus videtur mihi commune nobis cum illis populis fuisse. sed quod proprium sit in nostra re publica, quo nihil possit esse praeclarius, id persequar si potero subtilius; quod erit eius modi, nihil ut tale ulla in re publica reperiatur. haec enim quae adhuc eui ita mixta fuerunt et in hac civitate et in Lacedaemoniorum et in Karthaginiensium, ut temperata nullo fuerint modo. (43) nam in qua re publica est unus aliquis perpetua potestate, praesertim regia, quamvis in ea sit et senatus, ut tum fuit Romae cum erant reges, ut Spartae Lycurgi legibus, et ut sit aliquod etiam populi ius, ut fuit apud nostros reges, tamen illud excellit regium nomen, neque potest eius modi res publica non regnum et esse et vocari. ea autem forma civitatis mutabilis maxime est hanc ob causam. quod unius vitio praecipitata in perniciosissimam partem facillime decidit. nam ipsum regale genus civitatis non modo non est reprehendendum, sed haud scio an reliquis simplicibus longe anteponendum, si ullum probarem simplex rei publicae genus, sed ita

quoad statum suum retineat. is est autem status, ut unius perpetua potestate et iustitia uniusque sapientia regatur salus et aequabilitas et otium civium. desunt omnina ei populo multa qui sub rege est, in primisque libertas, quae non in eo est ut iusto utamur domino, sed ut nul<lo>

(*****)

(44) (Scipio) ferebant. etenim illi iniusto domino atque acerbo aliquamdiu in rebus gerundis prospere fortuna comitata est. nam et omne Latium bello devicit, et Suessam Pometiam urbem opulentam refertamque cepit, et maxima auri argentique praeda locupletatus votum patris Capitolii aedificatione persolvit, et colonias deduxit, et institutis eorum a quibus ortus erat dona magnifica quasi libamenta praedarum Delphos ad Apollinem misit.

(45) Hic ille iam vertetur orbis, cuius naturalem motum atque circuitum a primo discite adgnoscere. id enim est caput civilis prudentiae, in qua omnis haec nostra versatur oratio, videre itinera flexusque rerum publicarum, ut cum sciatis quo quaeque res inclinet, retinere aut ante possitis occurrere. nam rex ille de quo loquor, primum optimi regis caede maculatus integra so mente non erat, et cum metueret ipse poenam sceleris sui summam, metui se volebat; deinde victoriis divitiisque subnixus exultabat insolentia, neque suos mores regere poterat neque suorum libidines. (46) itaque cum maior eius filius Lucretiae Tricipitini filiae Conlatini uxori vim attulisset, mulierque pudens et nobilis ob illam iniuriam sese ipsa morte multavisset, tum vir ingenio et virtute praestans L. Brutus depulit a civibus suis iniustum illud durae servitutis iugum. qui cum privatus esset, totam rem publicam sustinuit, primusque in hac civitate docuit in conservanda civium libertate esse privatum neminem. quo auctore et principe concitata civitas et hac recenti querella Lucretiae patris ac propinquorum, et recordatione superbiae Tarquinii multarumque iniuriarum et ipsius et filiorum, exulem et regem ipsum et liberos eius et gentem Tarquiniorum esse iussit.

(47) Videtisne igitur ut de rege dominus extiterit, uniusque vitio genus rei publicae ex bono in deterrimum conversum sit? hic est enim dominus populi quem Graeci tyrannum vocant; nam regem illum volunt esse, qui consulit ut parens populo, conservatque eos quibus est praepositus quam optima in condicione vivendi, sane bonum ut dixi rei publicae genus. sed tamen inclinatum et quasi pronum ad perniciosissimum statum. (48) simul atque enim se inflexit hic rex in dominatum iniustiorem, fit continuo tyrannus, quo neque taetrius neque foedius nec dis hominibusque invisius animal ullum cogitari potest; qui quamquam figura est hominis, morum tamen inmanitate vastissimas vincit beluas. quis enim hunc hominem rite dixerit, qui sibi cum suis civibus, qui denique cum omni hominum genere nullam iuris communionem, nullam humanitatis societatem velit? sed erit hoc de genere nobis alius aptior dicendi locus, cum res ipsa admonuerit ut

in eos dicamus qui etiam liberata iam civitate dominationes adpetiverunt.

(49) Habetis igitur primum ortum tyranni; nam hoc nomen Graeci regis iniusti esse voluerunt; nostri quidem omnes reges vocitaverunt qui soli in populos perpetuam potestatem haberent. itaque et Spurius Cassius et M. Manlius et Spurius Maelius regnum occupare voluisse dicti sunt, et modo
(*****)

(50) (Scipio) <La>cedaemone appellavit, nimis is quidem paucos, XXVIII, quos penes summam consilii voluit esse, cum imperii summam rex teneret; ex quo nostri idem illud secuti atque interpretati, quos senes ille appellavit, nominaverunt senatum, ut iam Romulum patribus lectis fecisse diximus; tamen excellit atque eminet vis potestas nomenque regium. inperti etiam populo potestatis aliquid, ut et Lycurgus et Romulus: non satiaris eum libertate, sed incenderis cupiditate libertatis, cum tantum modo potestatem gustandi feceris; ille quidem semper inpendebit timor, ne rex, quod plerumque evenit, exsistat iniustus. est igitur fragilis ea fortuna populi, quae posita est in unius ut dixi antea voluntate vel moribus.

(51) Quare prima sit haec forma et species et origo tyranni inventa nobis in ea re publica quam auspicato Romulus condiderit, non in illa quam ut perscripsit Plato sibi ipse Socrates perpolito illo in sermone depinxerit, ut, quem ad modum Tarquinius, non novam potestatem nactus, sed quam habebat usus iniuste, totum genus hoc regiae civitatis everterit; sit huic oppositus alter, bonus et sapiens et peritus utilitatis dignitatisque civilis, quasi tutor et procurator rei publicae; sic enim appelletur quicumque erit rector et gubernator civitatis. quem virum facite ut agnoscatis; iste est enim qui consilio et opera civitatem tueri potest. quod quoniam nomen minus est adhuc tritum sermone nostro, saepiusque genus eius hominis erit in reliqua nobis oratione trac<tandum>
(*****)

(52) (Scipio) <cau>sas requisivit, civitatemque optandam magis quam sperandam, quam minimam potuit, non quae posset esse, sed in qua ratio rerum civilium perspici posset, effecit. ego autem, si modo consequi potuero, rationibus eisdem quas ille vidit non in umbra et imagine civitatis sed in amplissima re publica enitar, ut cuiusque et boni publici et mali causam tamquam virgula videar attingere. iis enim regiis quadraginta annis et ducentis paulo cum interregnis fere amplius praeteritis, pulsoque Tarquinio, tantum odium populum Romanum regalis nominis tenuit, quantum tenuerat post obitum vel potius excessum Romuli desiderium. itaque ut tum carere rege, sic pulso Tarquinio nomen regis audire non poterat. hic facultatem cum
(*****)

(53) (Scipio) lex illa tota sublata est. hac mente tum nostri maiores et Conlatinum innocentem suspicione cognationis expulerunt, et reliquos Tarquinios offensione nominis, eademque mente P. Valerius et fasces

primus demitti iussit, cum dicere in contione coepisset, et aedis suas detulit sub Veliam, posteaquam, quod in excelsiore loco Veliae coepisset aedificare eo ipso ubi ac rex Tullus habitaverat, suspicionem populi sensit moveri; idemque, in quo fuit Publicola maxime, legem ad populum tulit eam quae centuriatis comitiis prima lata est, ne quis magistratus civem Romanum adversus provocationem necaret neve verberaret. (54) provocationem autem etiam a regibus fuisse declarant pontificii libri, significant nostri etiam augurales, itemque ab omni iudicio poenaque provocari licere indicant XII tabulae conpluribus legibus, et quod proditum memoriae est, X viros qui leges scripserint sine provocatione creatos, satis ostendit reliquos sine provocatione magistratus non fuisse, Lucique Valeri Potiti et M. Horati Barbati, hominum concordiae causa sapienter popularium, consularis lex sanxit ne qui magistratus sine provocatione crearetur, neque vero leges Porciae, quae tres sunt trium Porciorum ut scitis, quicquam praeter sanctionem attulerunt novi. itaque Publicola lege illa de provocatione perlata statim securis de fascibus demi iussit, postridieque sibi collegam Sp. Lucretium subrogavit, suosque ad eum quod erat maior natu lictores transire iussit, instituitque primus ut singulis consulibus alternis mensibus lictores praeirent, ne plura insignia essent inperii in libero populo quam in regno fuissent. haud mediocris hic ut ego quidem intellego vir fuit, qui modica libertate populo data facilius genuit auctoritatem principum. neque ego haec nunc sine causa tam vetera vobis et tam obsoleta decanto, sed inlustribus in personis temporibusque exempla hominum rerumque definio, ad quae reliqua oratio dirigatur mea.

(56) Genuit igitur hoc in statu senatus rem publicam temporibus illis, ut in populo libero pauca per populum, pleraque senatus auctoritate et instituto ac more gererentur, atque uti consules potestatem haberent tempore dumtaxat annuam, genere ipso ac iure regiam, quodque erat ad obtinendam potentiam nobilium vel maximum, vehementer id retinebatur, populi comitia ne essent rata nisi ea patrum adprobavisset auctoritas. atque his ipsis temporibus dictator etiam est institutus decem fere annis post primos consules, T. Larcius, novumque id genus imperii visum est et proximum similitudini regiae. sed tamen omnia summa cum auctoritate a principibus cedente populo tenebantur, magnaeque res temporibus illis a fortissimis viris summo imperio praeditis, dictatoribus atque consulibus, belli gerebantur.

(57) Sed id quod fieri natura rerum ipsa cogebat, ut plusculum sibi iuris populus adscisceret liberatus a regibus, non longo intervallo, sexto decimo fere anno, Postumo Cominio Sp. Cassio consulibus consecutus est; in quo defuit fortasse ratio, sed tamen vincit ipsa rerum publicarum natura saepe rationem. id enim tenetote quod initio dixi, nisi aequabilis haec in civitate conpensatio sit et iuris et officii et muneris, ut et potestatis satis in magistratibus et auctoritatis in principum consilio et libertatis in populo sit,

non posse hunc incommutabilem rei publicae conservari statum. (58) nam cum esset ex aere alieno commota civitas, plebs montem sacrum prius, deinde Aventinum occupavit. ac ne Lycurgi quidem disciplina genuit illos in hominibus Graecis frenos; nam etiam Spartae regnante Theopompo sunt item quinque illi quos ephoros appellant, in Creta autem decem, qui cosmoe vocantur, ut contra consulare imperium tribuni plebis, sic illi contra vim regiam constituti.

(59) Fuerat fortasse aliqua ratio maioribus nostris in illo aere alieno medendi, quae neque Solonem Atheniensem non longis temporibus ante fugerat, neque post aliquanto nostrum senatum, cum sunt propter unius libidinem omnia nexa civium liberata nectierque postea desitum, semperque huic oneri, cum plebes publica calamitate inpendiis debilitata deficeret, salutis omnium causa aliqua sublevatio et medicina quaesita est. quo tum consilio praetermisso causa populo nata est, duobus tribunis plebis per seditionem creatis, ut potentia senatus atque auctoritas minueretur; quae tamen gravis et magna remanebat, sapientissimis et fortissimis et armis et consilio civitatem tuentibus, quorum auctoritas maxime florebat, quod cum honore longe antecellerent ceteris, voluptatibus erant inferiores nec pecuniis ferme superiores; eoque erat cuiusque gratior in re publica virtus, quod in rebus privatis diligentissime singulos cives opera consilio re tuebantur.

(60) Quo in statu rei publicae Sp. Cassium de occupando regno molientem, summa apud populum gratia florentem, quaestor accusavit, eumque ut audistis cum pater in ea culpa esse conperisse se dixisset, cedente populo morte mactavit. gratamque etiam illam legem quarto circiter et quinquagesimo anno post primos consules de multa et sacramento Sp. Tarpeius et A. Aternius consules comitiis centuriatis tulerunt. annis postea XX ex eo quod L. Papirius P. Pinarius censores multis dicendis vim armentorum a privatis in publicum averterant, levis aestumatio pecudum in multa lege C. Iuli P. Papiri consulum constituta est.

(61) Sed aliquot ante annis, cum summa esset auctoritas in senatu populo patiente atque parente, inita ratio est ut et consules et tribuni plebis magistratu se abdicarent, atque ut X viri maxima potestate sine provocatione crearentur, qui et summum imperium haberent et leges scriberent. qui cum X tabulas legum summa aequitate prudentiaque conscripsissent, in annum posterum decemviros alios subrogaverunt, quorum non similiter fides nec iustitia laudata. quo tamen e collegio laus est illa eximia C. Iuli, qui hominem nobilem L. Sestium, cuius in cubiculo ecfossum esse se praesente corpus mortuum diceret, cum ipse potestatem summam haberet quod decemvirum unus sine provocatione esset, vades tamen poposcit, quod se legem illam praeclaram neglecturum negaret, quae de capite civis Romani nisi comitiis centuriatis statui vetaret.

(62) Tertius est annus decemviralis consecutus, cum idem essent nec alios subrogare voluissent. in hoc statu rei publicae, quem dixi iam saepe

non posse esse diuturnum, quod non esset in omnis ordines civitatis aequabilis, erat penes principes tota res publica, praepositis X viris nobilissimis, non oppositis tribunis plebis, nullis aliis adiunctis magistratibus, non provocatione ad populum contra necem et verbera relicta. (63) ergo horum ex iniustitia subito exorta est maxima perturbatio et totius commutatio rei publicae; qui duabus tabulis iniquarum legum additis, quibus etiam quae diiunctis populis tribui solent conubia, haec illi ut ne plebei cum patribus essent, inhumanissima lege sanxerunt, quae postea plebiscito Canuleio abrogata est, libidinose[que] omni imperio et acerbe et avare populo praefuerunt. nota scilicet illa res et celebrata monumentis plurimis litterarum, cum Decimus quidam Verginius virginem filiam propter unius ex illis X viris intemperiem in foro sua manu interemisset, ac maerens ad exercitum qui tum erat in Algido confugisset, milites bellum illud quod erat in manibus reliquisse, et primum montem sacrum, sicut erat in simili causa antea factum, deinde Aventinum ar

(*****)

(Scipio) <maio>res nostros et probavisse maxime et retinuisse sapientissime iudico.'

(64) Cum ea Scipio dixisset silentioque omnium reliqua eius expectaretur oratio, tum Tubero: 'quoniam nihil ex te Africane hi maiores natu requirunt, ex me audies quid in oratione tua desiderem.' 'sane' inquit SCIPIO, 'et libenter quidem.' tum ille (Tubero): 'laudavisse mihi videris nostram rem publicam, cum ex te non de nostra sed de omni re publica quaesisset Laelius. nec tamen didici ex oratione tua, istam ipsam rem publicam quam laudas qua disciplina quibus moribus aut legibus constituere vel conservare possimus.'

(65) Hic Africanus: 'puto nobis mox de instituendis et conservandis civitatibus aptiorem Tubero fore disserundi locum; de optimo autem statu equidem arbitrabar me satis respondisse ad id quod quaesierat Laelius. primum enim numero definieram genera civitatum tria probabilia, perniciosa autem tribus illis totidem contraria, nullumque ex eis unum esse optimum, sed id praestare singulis quod e tribus primis esset modice temperatum. (66) quod autem exemplo nostrae civitatis usus sum, non ad definiendum optimum statum valuit - nam id fieri potuit sine exemplo -, sed ut <in> civitate maxima reapse cerneretur, quale esset id quod ratio oratioque describeret. sin autem sine ullius populi exemplo genus ipsum exquiris optimi status, naturae imagine utendum est nobis, quoniam tu hanc imaginem urbis et populi ni

(*****)

(67) (Scipio) '<quem> iandudum quaero et ad quem cupio pervenire.' (Laelius) 'prudentem fortasse quaeris?' tum ille (Scipio): 'istum ipsum' (Laelius) 'est tibi ex eis ipsis qui adsunt bella copia, velut a te ipso ordiare.' tum Scipio: 'atque utinam ex omni senatu pro rata parte esset! sed tamen est

ille prudens, qui, ut saepe in Africa vidimus, immani et vastae insidens beluae, coercet et regit [beluam] quocumque volt et levi admonitu aut tactu inflectit illam feram.' (Laelius) 'novi et tibi cum essem legatus saepe vidi.' (Scipio) 'ergo ille Indus aut Poenus unam coercet beluam, et eam docilem et humanis moribus adsuetam; at vero ea quae latet in animis hominum quaeque pars animi mens vocatur, non unam aut facilem ad subigendum frenat et domat <beluam>, si quando id efficit, quod perraro potest. namque et illa tenenda est ferox

(*****)

(69) dici possit'. tum Laelius: 'video iam, illum quem expectabam virum cui praeficias officio et muneri.'

'huic scilicet' Africanus 'uni paene - nam in hoc fere uno sunt cetera -, ut numquam a se ipso instituendo contemplandoque discedat, ut ad imitationem sui vocet alios, ut sese splendore animi et vitae suae sicut speculum praebeat civibus. ut enim in fidibus aut tibiis atque ut in cantu ipso ac vocibus concentus est quidam tenendus ex distinctis sonis, quem inmutatum aut discrepantem aures eruditae ferre non possunt, isque concentus ex dissimillimarum vocum moderatione concors tamen efficitur et congruens, sic ex summis et infimis et mediis interiectis ordinibus ut sonis moderata ratione civitas con

(*****)

(70) (Philus) 'plenam esse iustitiae.' tum Scipio: 'adsentior vero renuntioque vobis, nihil esse quod adhuc de re publica dictum putemus, aut quo possimus longius progredi, nisi erit confirmatum, non modo falsum illud esse, sine iniuria non posse, sed hoc verissimum esse, sine summa iustitia rem publicam geri nullo modo posse. sed, si placet, in hunc diem hactenus; reliqua - satis enim multa restant - differamus in crastinum.'

Cum ita placuisset, finis disputandi in eum diem factus est.

LIBER TERTIUS

(3) et vehiculis tarditati, eademque cum accepisset homines inconditis vocibus inchoatum quiddam et confusum sonantes, incidit has et distinxit in partis, et ut signa quaedam sic verba rebus inpressit, hominesque antea dissociatos iucundissimo inter se sermonis vinculo conligavit. a simili etiam mente vocis qui videbantur infiniti soni paucis notis inventis sunt omnes signati et expressi, quibus et conloquia cum absentibus et indicia voluntatum et monumenta rerum praeteritarum tenerentur. accessit eo numerus, res cum ad vitam necessaria tum una inmutabilis et aeterna; quae prima inpulit etiam ut suspiceremus in caelum, nec frustra siderum motus intueremur, dinumerationibusque noctium ac die\<rum\>

(*****)

(4) quorum animi altius se extulerunt, et aliquid dignum dono ut ante dixi deorum aut efficere aut excogitare potuerunt. quare sint nobis isti qui de ratione vivendi disserunt magni homines (ut sunt), sint eruditi, sint veritatis et virtutis magistri, dam modo sit haec quaedam, sive a viris in rerum publicarum varietate versatis inventa, sive etiam in istorum otio ac litteris tractata, res (sicut est) minime quidem contemnenda, ratio civilis et disciplina populorum, quae perficit in bonis ingeniis, id quod iam persaepe perfecit, ut incredibilis quaedam et divina virtus exsisteret. quodsi quis ad ea instrumenta animi, quae natura quaeque civilibus institutis habuit, adiungendam sibi etiam doctrinam et uberiorem rerum cognitionem putavit, ut ii ipsi qui in horum librorum disputatione versantur, nemo est quin eos anteferre omnibus debeat. quid enim potest esse praeclarius, quam cum rerum magnarum tractatio atque usus cum illarum artium studiis et cognitione coniungitur? aut quid P. Scipione, quid C. Laelio, quid L. Philo perfectius cogitari potest? qui, ne quid praetermitterent quod ad summam laudem clarorum virorum pertineret, ad domesticum maiorumque morem etiam hanc a Socrate adventiciam doctrinam adhibuerunt. (6) quare qui

utrumque voluit et potuit, id est ut cum maiorum institutis tum doctrina se instrueret, ad laudem hunc omnia consecutum puto. sin altera sit utra via prudentiae deligenda, tamen, etiamsi cui videbitur illa in optimis studiis et artibus quieta vitae ratio beatior, haec civilis laudabilior est certe et inlustrior, ex qua vita sic summi viri ornantur, ut vel M'. Curius,
  'Quem nemo ferro potuit superare nec auro',
  vel
  (*****)
  cui nemo civis neque hostis
  Quibit pro factis reddere opis pretium.
  (7) fuisse sapientiam, tamen hoc in ratione utriusque generis interfuit, quod illi verbis et artibus aluerunt naturae principia, hi autem institutis et legibus. pluris vero haec tulit una civitas, si minus sapientis quoniam id nomen illi tam restricte tenent, at certe summa laude dignos, quoniam sapientium praecepta et inventa coluerunt. atque etiam, quot et sunt laudandae civitates et fuerunt - quoniam id est in rerum natura longe maximi consili, constituere eam rem publicam quae possit esse diuturna -, si singulos numeremus in singulas, quanta iam reperiatur virorum excellentium multitudo! quodsi aut Italiae Latium, aut eiusdem Sabinam aut Volscam gentem, si Samnium, si Etruriam, si magnam illam Graeciam conlustrare animo voluerimus, si deinde Assyrios, si Persas, si Poenos, ei haec
  (*****)
  (8) cati.' et Philus: 'praeclaram vero causam ad me defertis, cum me improbitatis patrocinium suscipere voltis.' 'atqui id tibi' inquit Laelius 'verendum est, si ea dixeris quae contra iustitiam dici solent, ne sic etiam sentire videare! cum et ipse sis quasi unicum exemplum antiquae probitatis et fidei, nec sit ignota consuetudo tua contrarias in partis disserendi, quod ita facillume verum inveniri putes.' et Philus: 'heia vero' inquit, 'geram morem vobis et me oblinam sciens; quod quoniam qui aurum quaerunt non putant sibi recusandum, nos cum iustitiam quaeramus, rem multo omni auro cariorem, nullam profecto molestiam fugere debemus. atque utinam, quem ad modum oratione sum usurus aliena, sic mihi ore uti liceret alieno! nunc ea dicenda sunt L. Furio Philo, quae Carneades, Graecos homo et consuetus quod commodum esset verbis'
  (*****)
  (12) (PHIL) 'et reperiret et tueretur, alter autem de ipsa iustitia quattuor implevit sane grandis libros. nam ab Chrysippo nihil magnum nec magnificum desideravi, qui suo quodam more loquitur, ut omnia verborum momentis, non rerum ponderibus examinet. illorum fuit heroum, eam virtutem, quae est una, si modo est, maxime munifica et liberalis, et quae omnis magis quam sepse diligit, aliis nata potius quam siti, excitare iacentem et in illo divino solio non longe a sapientia conlocare. (13) nec vero illis aut

voluntas defuit - quae enim iis scribendi alia causa aut quod omnino consilium fuit? - aut ingenium, quo omnibus praestiterunt; sed eorum et voluntatem et copiam causa vicit. ius enim de quo quaerimus civile est aliquod, naturale nullum; nam si esset, ut calida et frigida et amara et dulcia, sic essent iusta et iniusta eadem omnibus.

(14) Nunc autem, si quis illo Pacuviano 'invehens alitum anguium curru' multas et varias gentis et urbes despicere et oculis conlustrare possit, videat primum in illa incorrupta maxume gente Aegyptiorum, quae plurimorum saeculorum et eventorum memoriam litteris continet, bovem quendam putari deum, quem Apim Aegyptii nominant, multaque alia portenta apud eosdem et cuiusque generis beluas numero consecratas deorum; deinde Graeciae sicut apud nos delubra magnifica humanis consecrata simulacris, quae Persae nefaria putaverunt, eamque unam ob causam Xerxes inflammari Atheniensium fana iussisse dicitur, quod deos, quorum domus esset omnis hic mundus, inclusos parietibus contineri nefas esse duceret. (15) post autem cum Persis et Philippus, qui cogitavit, et Alexander, qui gessit, hanc bellandi causam inferebat, quod vellet Graeciae fana poenire; quae ne reficienda quidem Grai putaverunt, ut esset posteris ante os documentum Persarum sceleris sempiternum. quam multi, ut Tauri in Axino, ut rex Aegypti Busiris, ut Galli, ut Poeni, homines immolare et pium et diis immortalibus gratissumum esse duxerunt! vitae vero instituta sic distant, ut Cretes et Aetoli latrocinari honestum putent, Lacedaemonii suos omnis agros esse dictitarint quos spiculo possent attingere. Athenienses iurare etiam publice solebant omnem suam esse terram quae oleam frugesve ferret; Galli turpe esse ducunt frumentum manu quaerere, itaque armati alienos agros demetunt; (16) nos vero iustissimi homines, qui Transalpinas gentis oleam et vitem serere non sinimus, quo pluris sint nostra oliveta nostraeque vineae; quod cum faciamus, prudenter facere dicimur, iuste non dicimur, ut intellegatis discrepare ab aequitate sapientiam. Lycurgus autem, ille legum optumarum et aequissumi iuris inventor, agros locupletium plebi ut servitio colendos dedit.

(17) Genera vero si velim iuris institutorum morum consuetudinumque describere, non modo in tot gentibus varia, sed in una urbe, vel in hac ipsa, milliens mutata demonstrem, ut hic iuris noster interpres alia nunc Manilius iura dicat esse de mulierum legatis et hereditatibus, alia solitus sit adulescens dicere nondum Voconia lege lata; quae quidem ipsa lex utilitatis virorum gratia rogata in mulieres plena est iniuriae. cur enim pecuniam non habeat mulier? cur virgini Vestali sit heres, non sit matri suae? cur autem, si pecuniae modus statuendus fuit feminis, P. Crassi filia posset habere, si unica patri esset, aeris milliens salva lege, mea triciens non posset'

(*****)

(18) (Philus) 'sanxisset iura nobis, et omnes isdem et idem non alias aliis uterentur. quaero autem, si iusti hominis et si boni est viri parere legibus,

quibus? an quaecumque erunt? at nec inconstantiam virtus recipit, nec varietatem natura patitur, legesque poena, non iustitia nostra comprobantur; nihil habet igitur naturale ius; ex quo illud efficitur, ne iustos quidem esse natura. an vero in legibus varietatem esse dicunt, natura autem viros bonos eam iustitiam sequi quae sit, non eam quae putetur? esse enim hoc boni viri et iusti, tribuere id cuique quod sit quoque dignum. (19) ecquid ergo primum mutis tribuemus beluis? non enim mediocres viri sed maxumi et docti, Pythagoras et Empedocles, unam omnium animantium condicionem iuris esse denuntiant, clamantque inexpiabilis poenas impendere iis a quibus violatum sit animal. scelus est igitur nocere bestiae, quod scelus qui velit'

(*****)

(23) (Philus) 'sunt enim omnes, qui in populum vitae necisque potestatem habent, tyranni, sed se Iovis optimi nomine malunt reges vocari. cum autem certi propter divitias aut genus aut aliquas opes rem publicam tenent, est factio, sed vocantur illi optimates. si vero populus plurimum potest, omniaque eius arbitrio geruntur, dicitur illa libertas, est vero licentia. sed cum alius alium timet, et homo hominem et ordo ordinem, tum quia sibi nemo confidit, quasi pactio fit inter populum et potentis; ex quo existit id, quod Scipio laudabat, coniunctum civitatis genus; etenim iustitiae non natura nec voluntas sed inbecillitas mater est. nam cum de tribus unum est optandum, aut facere iniuriam nec accipere, aut et facere et accipere, aut neutrum, optumum est facere, impune si possis, secundam nec facere nec pati, miserrimum digladiari semper tum faciendis tum accipiendis iniuriis. ita qui primum illud adsequi'

(*****)

(24) (PHIL) 'omni mementote. sapientia iubet augere opes, amplificare divitias, proferre fines - unde enim esset illa laus in summorum imperatorum incisa monumentis 'finis imperii propagavit', nisi aliquid de alieno accessisset? - imperare quam plurimis, frui voluptatibus, pollere regnare dominari; iustitia autem praecipit parcere omnibus, consulere generi hominum, suum cuique reddere, sacra publica aliena non tangere. quid igitur efficitur si sapientiae pareas? divitiae, potestates, opes, honores, imperia, regna vel privatis vel populis. sed quoniam de re publica loquimur, sunt<que> inlustriora quae publice fiunt, quoniamque eadem est ratio iuris in utroque, de populi sapientia dicendum puto, et <ut> iam omittam alios: noster hic populus, quem Africanus hesterno sermone a stirpe repetivit, cuius imperio iam orbis terrae tenetur, iustitia an sapientia est e minimo omnium <maximus factus?>

(*****)

(25) (Philus) 'praeter Arcadas et Atheniensis, qui credo timentes hoc interdictum iustitiae ne quando existeret, commenti sunt se de terra tamquam hos ex arvis musculos extitisse.

(26) Ad haec illa dici solent primum ab iis qui minime sunt in disserendo

mali; qui in hac causa eo plus auctoritatis habent, quia cum de viro bono quaeritur, quem apertum et simplicem volumus esse, non sunt in disputando vafri, non veteratores, non malitiosi: negant enim sapientem idcirco virum bonum esse, quod eum sua sponte ac per se bonitas et iustitia delectet, sed quod vacua metu cura sollicitudine periculo vita bonorum virorum sit, contra autem improbis semper aliqui scrupus in animis haereat, semper iis ante oculos iudicia et supplicia versentur; nullum autem emolumentum esse, nullum iniustitia partum praemium tantum, semper ut timeas, semper ut adesse, semper ut impendere aliquam poenam putes, damna'

(*****)

(27) (PHIL) 'Quaero: si duo sint, quorum alter optimus vir aequissimus, summa iustitia, singulari fide, alter insigni scelere et audacia, et si in eo sit errore civitas, ut bonum illum virum sceleratum, facinerosum, nefarium putet, contra autem <eum> qui sit inprobissimus existimet esse summa probitate ac fide, proque hac opinione omnium civium bonus ille vir vexetur, rapiatur, manus ei denique auferantur, effodiantur oculi, damnetur, vinciatur, uratur, exterminetur, egeat, postremo iure etiam optimo omnibus miserrimus esse videatur, contra autem ille improbus laudetur, colatur, ab omnibus diligatur, omnes ad eum honores, omnia imperia, omnes opes omnes undique copiae conferantur, vir denique optimus omnium existimatione et dignissimus omni fortuna optima iudicetur: quis tandem erit tam demens qui dubitet utrum se esse malit?

(28) Quod in singulis, idem est in populis: nulla est tam stulta civitas, quae non iniuste imperare malit quam servire iuste. nec vero longius abibo: consul ego quaesivi, cum vos mihi essetis in consilio, de Numantino foedere. quis ignorabat Q. Pompeium fecisse foedus, eadem in causa esse Mancinum? alter vir optimus etiam suasit rogationem me ex senatus consulto ferente, alter acerrime se defendit. si pudor quaeritur, si probitas, si fides, Mancinus haec attulit, si ratio, consilium, prudentia, Pompeius antistat. utrum'

(*****)

(41) (Laelius) 'Asia Ti. Gracchus, perseveravit in civibus, sociorum nominisque Latini iura neclexit ae foedera. quae si consuetudo ac licentia manare coeperit latius, imperiumque nostrum ad vim a iure traduxerit, ut qui adhuc voluntate nobis oboediunt, terrore teneantur, etsi nobis qui id aetatis sumus evigilatum fere est, tamen de posteris nostris et de illa immortalitate rei publicae sollicitor, quae poterat esse perpetua, si patriis viveretur institutis et moribus.'

(42) Quae cum dixisset Laelius, etsi omnes qui aderant significabant ab eo se esse admodum delectatos, tamen praeter ceteros Scipio quasi quodam gaudio elatus: 'multas tu quidem' inquit 'Laeli saepe causas ita defendisti, ut ego non modo tecum Servium Galbam collegam nostrum, quem tu quoad

vixit omnibus anteponebas, verum ne Atticorum quidem oratorum quemquam aut sua<vitate>

(*****)

(43) (Scipio) 'reportare. ergo illam rem populi, id est rem publicam, quis diceret tum dum crudelitate unius oppressi essent universi, neque esset unum vinculum iuris nee consensus ac societas coetus, quod est populus? atque hoc idem Syracusis. urbs illa praeclara, quam ait Timaeus Graecarum maxumam, omnium autem esse pulcherrimam, arx visenda, portus usque in sinus oppidi et ad urbis crepidines infusi, viae latae, porticus, templa, muri nihilo magis efficiebant, Dionysio tenente ut esset illa res publica; nihil enim populi, et unius erat populus ipse. ergo ubi tyrannus est, ibi non vitiosam, ut heri dicebam, sed, ut nunc ratio cogit, dicendum est plane nullam esse rem publicam.'

(44) Praeclare quidem dicis' Laelius; 'etenim video iam quo pergat oratio.' (Scipio) 'vides igitur ne illam quidem quae tota sit in factionis potestate, posse vere dici rem publicam.' (Laelius) 'sic plane iudico.' (Scipio) 'et rectissime quidem iudicas; quae enim fuit tum Atheniensium res, dum post magnum illud Peloponnesiacum bellum triginta viri illi urbi iniustissime praefuerunt? num aut vetus gloria civitatis, aut species praeclara oppidi, aut theatrum, gymnasia, porticus, aut propylaea nobilia aut arx aut admiranda opera Phidiae, aut Piraeus ille magnificus rem publicam efficiebat?' 'minime vero' Laelius 'quoniam quidem populi res non erat.' (Scipio) 'quid? cum decemviri Romae sine provocatione fuerunt tertio illo anno, dum vindicias amisisset ipsa libertas?' (Laelius.) 'populi nulla res erat, immo vero id populus egit ut rem suam recuperaret.'

(45) (Scipio) 'venio nunc ad tertium genus illud, in quo esse videbuntur fortasse angustiae. cum per populum agi dicuntur et esse in populi potestate omnia, cum de quocumque volt supplicium sumit multitudo, cum agunt, rapiunt, tenent, dissipant quae volunt, potesne tum Laeli negare rem esse illam publicam? dum populi sint omnia, quoniam quidem populi esse rem volumus rem publicam.' tum Laelius: 'ac nullam quidem citius negaverim esse rem publicam, quam istam quae tota plane sit in multitudinis potestate. nam si nobis non placebat Syracusis fuisse rem publicam, neque Agrigenti neque Athenis dum essent tyranni, neque hic dum decemviri, non video qui magis in multitudinis dominatu rei publicae nomen appareat, quia primum mihi populus non est, ut tu optime definisti Scipio, nisi qui consensu iuris continetur, sed est tam tyrannus iste conventus, quam si esset unus, hoc etiam taetrior quia nihil ista, quae populi speciem et nomen imitatur, immanius belua est. nee vero convenit, dum furiosorum bona legibus in adgnatorum potestate sint, quod eorum iam'

(*****)

(46) (Scipio) 'dici possint, cur illa sit res publica resque populi, quae sunt dicta de regno.' 'et multo etiam magis,' inquit Mummius. 'nam in regem

potius cadit domini similitudo, quod est unus; plures vero boni in qua re publica rerum potientur, nihil poterit esse illa beatius. sed tamen vel regnum malo quam liberum populum; id enim tibi restat genus vitiosissumae rei publicae tertium.'

(47) Ad hunc Scipio 'adgnosco', inquit, 'tuum morem istum Spuri aversum a ratione populari; et quamquam potest id lenius ferri quam tu soles ferre, tamen adsentior nullum esse de tribus his generibus quod sit probandum minus. illud tamen non adsentior iusto praestare regi optimates; si enim sapientia est quae gubernet rem publicam, quid tandem interest, haec in unone sit an in pluribus? sed errore quodam fallimur ita disputando; cum enim optumates appellantur, nihil potest videri praestabilius; quid enim optumo melius cogitari potest? cum autem regis est facta mentio, occurrit animis rex etiam iniustus. nos autem de iniusto is rege nihil loquimur nunc, cum de ipsa regali re publica quaerimus. quare cogitato Romulum aut Pompilium aut Tullium regem: fortasse non tam illius te rei publicae paenitebit.' (48) (Mummius) 'quam igitur relinquis populari rei publicae laudem?' tum ille (Scipio) 'quid? tibi tandem Spuri Rhodiorum, apud quos nuper fuimus una, nullane videtur esse res publica?' (Mummius) 'mihi vero videtur, et minime quidem vituperanda.' (Scipio) 'recte dicis; sed si meministi, omnes erant idem tum de plebe tum senatores, vicissitudinesque habebant quibus mensibus populari munere fungerentur, quibus senatorio; utrubique autem conventicium accipiebant, et in theatro et in curia res capitalis et reliquas omnis iudicabant idem; tantum poterat tantique erat quanti multitudo <senatus>'

LIBER QUARTUS

(2) Scipio: 'gratiam, quam commode ordines discripti aetates classes equitatus, in quo suffragia sunt etiam senatus, nimis multis iam stulte hanc utilitatem tolli cupientibus, qui novam largitionem quaerunt aliquo plebiscito reddendorum equorum.

(3) Considerate nunc, cetera quam sint provisa sapienter ad illam civium beate et honeste vivendi societatem; ea est enim prima causa coeundi, et id hominibus effici ex re publica debet partim institutis, alia legibus. principio disciplinam puerilem ingenuis, de qua Graeci multum frustra laborarunt, et in qua una Polybius noster hospes nostrorum institutorum neglegentiam accusat, nullam certam aut destinatam legibus aut publice eitam aut unam omnium esse voluerunt. nam'

(*****)

(4) Scipio: 'ri nudari puberem. ita sunt alte repetita quasi fundamenta quaedam verecundiae. iuventutis vero exercitatio quam absurda in gymnasiis! quam levis epheborum illa militia! quam contrectationes et amores soluti et liberi! mitto [aput] Eleos et Thebanos, apud quos in amore ingenuorum libido etiam permissam habet et solutam licentiam: Lacedaemonii ipsi, cum omnia concedunt in amore iuvenum praeter stuprum, tenui sane muro dissaepiunt id quod excipiunt; conplexus enim concubitusque permittunt palliis interiectis.' hic Laelius: 'praeclare intellego Scipio te in iis Graeciae disciplinis quas reprendis cum populis nobilissimis malle quam cum tuo Platone luctari, quem ne attingis quidem, praesertim cum

LIBER QUINTUS

(3) (Manilius?) '<nihil esse tam> regale quam explanationem aequitatis, in qua iuris erat interpretatio, quod ius privati petere solebant a regibus, ob easque causas agri arvi et arbusti et pascui lati atque uberes definiebantur, qui essent regii [qui] colerenturque sine regum opera et labore, ut eos nulla privati negotii cura a populorum rebus abduceret. nec vero quisquam privatus erat disceptator aut arbiter litis, sed omnia conficiebantur iudiciis regiis. et mihi quidem videtur Numa noster maxime tenuisse hunc morem veterem Graeciae regum. nam ceteri, etsi hoc quoque munere fungebantur, magnam tamen partem bella gesserunt et eorum iura coluerunt; illa autem diuturna pax Numae mater huic urbi iuris et religionis fuit, qui legum etiam scriptor fuit quas scitis extare, quod quidem huius civis proprium de quo agimus'
(*****)
(5) (Scipio) '<ra>dicum seminumque cognoscere num te offendet?' (Manilius) 'nihil, si modo opus extabit.' (Scipio) 'num id studium censes esse vilici?' (Manilius) 'minime, quippe eum agri culturam saepissime opera deficiat.' (Scipio) 'ergo, ut vilicus naturam agri novit, dispensator litteras scit, uterque autem se a scientiae delectatione ad efficiendi utilitatem refert, sic noster hic rector studuerit sane iuri et legibus cognoscendis, fontis quidem earum utique perspexerit, sed se responsitando et lectitando et scriptitando ne impediat, ut quasi dispensare rem publicam et in ea quodam modo vilicare possit, is summi iuris peritissimus, sine quo iustus esse nemo potest, civilis non inperitus, sed ita ut astrorum gubernator, physicorum medicus; uterque enim illis ad artem suam utitur, sed se a suo munere non impedit. illud autem videbit hic vir'
(*****)
(6) (Scipio.?) '<civi>tatibus, in quibus expetunt laudem optumi et decus, ignominiam fugiunt ae dedecus. nec vero tam metu poenaque terrentur,

quae est constituta legibus, quam verecundia, quam natura homini dedit quasi quendam vituperationis non iniustae timorem. hanc ille rector rerum publicarum auxit opinionibus, perfecitque institutis et disciplinis, ut pudor civis non minus a delictis arceret quam metus. atque haec quidem ad laudem pertinent, quae diei latius uberiusque potuerunt.

(7) Ad vitam autem usumque vivendi ea discripta ratio est iustis nuptiis, legitimis liberis, sanctis Penatium deorum Larumque familiarium sedibus, ut omnes et communibus commodis et suis uterentur, nec bene vivi sine bona re publica posset, nec esse quicquam civitate bene constituta beatius. quocirca permirum mihi videri solet, quae sit tanta doc'

Printed in Great Britain
by Amazon